战略信息系统敏捷

赋能企业在数字经济时代更好发展

[摩洛哥] 阿卜杜勒凯比尔·萨希德
[摩洛哥] 亚辛·马莱赫 著
[摩洛哥] 穆斯塔法·贝拉伊萨维

王 伟 译

中国科学技术出版社
·北 京·

Strategic Information System Agility: From Theory to Practices by Abdelkebir Sahid, Yassine Maleh and Mustapha Belaissaoui

ISBN: 978-1-80043-811-8

Copyright © 2021 Emerald Publishing Limited

Simplified Chinese translated edition copyright © 2022 by China Science and Technology Press Co., Ltd through Big Apple Agency, Inc.

北京市版权局著作权合同登记　图字：01−2022−2255。

图书在版编目（ＣＩＰ）数据

战略信息系统敏捷：赋能企业在数字经济时代更好发展／（摩洛哥）阿卜杜勒凯比尔·萨希德，（摩洛哥）亚辛·马莱赫，（摩洛哥）穆斯塔法·贝拉伊萨维著；王伟译．－- 北京：中国科学技术出版社，2022.6

书名原文：Strategic Information System Agility

ISBN 978-7-5046-9600-7

Ⅰ.①战… Ⅱ.①阿… ②亚… ③穆… ④王… Ⅲ.①信息系统 - 研究 Ⅳ.① G202

中国版本图书馆 CIP 数据核字 (2022) 第 075379 号

策划编辑	申永刚　牛岚甲
责任编辑	申永刚
封面设计	创研设
版式设计	锋尚设计
责任校对	吕传新
责任印制	李晓霖

出　　版	中国科学技术出版社
发　　行	中国科学技术出版社有限公司发行部
地　　址	北京市海淀区中关村南大街 16 号
邮　　编	100081
发行电话	010-62173865
传　　真	010-62173081
网　　址	http://www.cspbooks.com.cn
开　　本	710mm×1000mm　1/16
字　　数	187 千字
印　　张	14.5
版　　次	2022 年 6 月第 1 版
印　　次	2022 年 6 月第 1 次印刷
印　　刷	北京盛通印刷股份有限公司
书　　号	ISBN 978-7-5046-9600-7/G·955
定　　价	79.00 元

（凡购买本社图书，如有缺页、倒页、脱页者，本社发行部负责调换）

深切怀念我的姑姑伊萨迪亚·萨希德（Essadia Sahid）

——阿卜杜勒凯比尔·萨希德（Abdelkebir Sahid）

深切怀念我的母亲

——亚辛·马莱赫（Yassine Maleh）

献给我的家人

——穆斯塔法·贝拉伊萨维（Mustapha Belaissaoui）

推荐序

当前，数字技术的革新与进步，使数字化、智能化逐渐成为新的生产力，加快推动产业的创新和社会的发展，同时也为企业带来了更多的发展机遇和更广阔的价值空间。数字经济时代，如何更好地抢抓机遇、应对挑战，激发新的发展动力和活力，实现业务的快速、可持续增长，是每家企业都必须面对的课题。

作为数字化产业领军者和产业数字化赋能者，新华三集团在积极开展自身数字化变革的同时，一直致力于以数字之能助力百行百业数字化转型。在这个过程中，我们深刻地体会到，快速响应变化的能力与数字化能力同等重要。这是因为企业的外部环境从未停止过变化，充满了不确定性，再加上近年来数字化对商业和行业理念的颠覆，使企业曾经习以为常的很多模式和方法都不再适用，这迫使企业需要通过创新和变革寻找新模式和新方法，时刻准备应对新的挑战。

敏捷，作为应对不确定性挑战的重要方法论之一，我们将它融入新华三集团的企业文化之中，并使敏捷成为助力我们发展与变革的重要力量。在敏捷实践中，我们深刻认识到，想要将敏捷的作用发挥到极致，需要将它融入企业的方方面面。可以说，不仅我们的思维、价值观、工作流程和组织需要敏捷，我们的战略、供应链、产品和服务、信息系统同样也需要敏捷。

在信息系统敏捷这一领域，本书的观点与我们从实践中得到的感悟不谋而合。今天，企业的业务开展离不开信息系统，而业务随着市场的变化而变化则是常态，信息系统能否做到快速响应这种变化，直接决定了企业的业务弹性和竞争力，在数字经济时代，信息系统敏捷需要得到足够的重视。

为此，我们将本书翻译出来，奉献给大家，期待在复杂多变的时代背景下，让更多的企业认识敏捷，认识战略信息系统敏捷的重要性，进而加速成长为敏捷的数字化企业。同时，新华三集团也期待在未来，能够以持续的技术创新，不断为百行百业的发展与转型贡献数字之力、敏捷之能，与万千企业共同成长。

于英涛

紫光股份董事长

兼新华三集团首席执行官

译者序

近年来，数字经济浪潮席卷世界，如何迎接数字时代的挑战是很多组织在未来必须面对的课题。这使得"数字化"和"数字化转型"成为大多数组织关注的焦点。作为数字化相关领域的从业者，我也投入了大量精力去研究数字化转型，试图探索数字化转型背后的核心逻辑。随着探索的深入，我逐渐意识到数字化转型绝不只和数字化相关，数字化转型的重点应该在转型而非数字化。

这引发我思考一个根本的问题，转型究竟为了什么？

这个问题似乎并不难回答。当外部环境变化的时候，组织和个人就要改变自己来适应外部环境。数字化技术发展让生产力和生产关系都产生了变化，组织为了应对这种变化而进行数字化转型是顺理成章的事情。然而商业环境的变化可不只有代表先进生产力的数字化技术，同样还有与日俱增的不确定性和复杂性，这是不是意味着组织同样需要"敏捷转型"？从这之后，我的研究方向又加了一个"敏捷"。然而，随着继续研修的深入，我越发感觉到数字化与敏捷就像一对"连体婴"，你中有我，我中有你，谁也离不开谁。我不禁产生一个疑问，在世界上的众多学者中，有没有人把两者放在一起研究呢？这个疑问一直挥之不去，直到这本书进入我的视野。

本书的三位作者先是在书中回顾了敏捷和信息系统演进的历史，接着提出了信息系统敏捷框架。之后他们还剖析了IT服务如何变得敏捷，以及采用云计算如何能提高IT敏捷性。本书不但解答了我曾经的疑问，而且让我意识到它对IT从业者和组织的重要性。有三个原因使我下决心将它翻译出来，为身处转型中的组织和个人提供一些参考：

第一，本书几乎研究了自敏捷概念诞生以来所有重要的文献资料。这不仅证明了三位学者结论的科学性，也为读者追本溯源提供了线索。在概念满天飞的今天，人们只有沉下心来研究一个新概念的发展脉络，才能透过现象看到本质，真正掌握精髓。本书提供了这样的机会。

第二，本书提供了信息系统敏捷的系统性模型，来指导组织实现信息系统敏捷。该模型不仅考虑了内外部的驱动力、还考虑了组织自身的能力和其他各种影响因素，帮助读者全面思考敏捷、实践敏捷，非常具有参考价值。

第三，本书从组织战略的高度来思考信息系统敏捷的重要性。作者们以严密的逻辑向读者解释了信息系统敏捷对促进组织发展的关键作用，不断提醒读者信息系统必须敏捷，开拓和提高了读者的全局视野和认知高度。

作为本书的译者，我多么希望广大的读者也能够和我一样，能从作者们严密的论证和全局性的思考中受益，在充满不确定性的数字化时代，拥抱变化，享受成长的快乐。

王伟
新华三集团·新华三人才研学中心
IT管理研修院院长

序

在过去的十年中,信息系统(IS)作为一种战略工具,为信息技术(IT)革命做出了重大贡献。然而,在使用信息系统的过程中,企业必须采取充分的预防措施并保持高度关注,否则项目很难获得成功。在日益加速演进的经济环境中,部署信息系统是一个风险与收益并存的选择。

如今,企业越来越需要对充满不确定性的内外部突发事件和业务机会做出及时响应,以敏捷(Agility或Agile)的行动达成企业经营业绩。但问题是企业普遍没做好应对重大不确定性事件和不可预测性事件的准备,企业开发信息系统也不是为了应对变化和不可预测性事件。因此,对很多企业而言,更新信息系统成了实现业务敏捷需求的重要方式。

在战略上,敏捷意味着企业占领新市场,承担风险,并考虑社会与环境的新挑战。因此,在运营战略中,要让利益相关者紧密联结并深入企业实践中,通过重新评估价值链上的所有环节,来加深对价值链的理解,为企业创造竞争优势。换句更具体的话,敏捷需要战略、组织、文化和商业模式尽最大可能有效地传达企业对快速响应能力的需求。

面对内部和外部环境的各种转型和多样化的需求,构建企业信息系统(EIS)对于促进企业发展,调整企业定位、结构和效能至关重要。而且企业信息系统必须与企业战略发展保持一致,同时确保信息系统永远与全局战略、互操作性、集成性、自主性和灵活性保持一致。换句话说,企业信息系统必须敏捷。

本书旨在分析和解释战略信息系统敏捷是如何通过响应高度不确定

性事件和突发事件,从而对企业业绩产生潜在重大影响。[1]

作者希望通过创建一个解释性框架,阐明信息系统在学习能力支撑下,通过什么方式,在哪些条件下,更好地帮助企业识别和响应不确定性事件。本书主要解决的问题是战略信息系统敏捷如何帮助企业提高能够对不确定性事件进行快速响应的敏捷能力。

本书全面覆盖了开发和实施有效的战略信息系统敏捷所必需的要素,包括信息系统敏捷的概念、理论、建模和架构。本书在综合考虑环境、信息技术发展现状以及信息系统敏捷总体趋势的基础上,提出了开发战略信息系统的最新技术、概念和方法。相信本书能帮助企业制定适合21世纪的信息系统流程,以增强企业在其领域中的竞争力。

阿卜杜勒凯比尔·萨希德

亚辛·马莱赫

穆斯塔法·贝拉伊萨维

---

[1] 战略信息系统是专有名词,指的是从企业竞争战略的高度出发,通过开发新产品和服务,改变企业与客户和供应商的关系,或者改变企业内部的运作方式,使企业的信息系统具有竞争优势。——译者注

目录

第1章 概述

- 1.1 背景 ··· 2
- 1.2 为什么现在要敏捷？ ··················· 3
- 1.3 敏捷有什么作用？ ······················ 5
- 1.4 IT是实现业务敏捷需要克服的难题 ··· 7
- 1.5 IT服务于业务敏捷 ······················ 7
- 1.6 研究目标 ································· 8
- 1.7 研究设计 ································· 9
- 1.8 贡献与意义 ······························ 9
- 1.9 本书结构 ································· 10

第2章 理解敏捷概念

- 2.1 导言 ······································ 15
- 2.2 敏捷背后的巨变 ························ 16
- 2.3 制造范式的发展趋势 ··················· 19
- 2.4 敏捷管理范式的演进 ··················· 24
- 2.5 本章总结 ································· 36

第3章
信息系统演进

- 3.1 导言 ·· 39
- 3.2 信息系统的定义与目标 ·············· 41
- 3.3 信息系统概念 ··························· 43
- 3.4 企业应用程序的概念 ················· 45
- 3.5 企业应用程序特性 ···················· 47
- 3.6 企业信息系统和公司战略 ·········· 50
- 3.7 企业信息系统复杂性 ················· 52
- 3.8 复杂性因素 ······························ 52
- 3.9 信息系统的演进 ······················· 53
- 3.10 企业信息系统的治理 ··············· 55
- 3.11 城市化 ··································· 73
- 3.12 灵活性 ··································· 78
- 3.13 敏捷 ······································ 79
- 3.14 本章总结 ································ 85

第4章
信息系统敏捷的概念模型

- 4.1 导言 ·· 89
- 4.2 文献综述 ································· 90
- 4.3 文献方法论 ······························ 93
- 4.4 信息系统敏捷框架 ···················· 94
- 4.5 行业讨论和批评 ······················ 103
- 4.6 敏捷组件 ································ 104
- 4.7 敏捷驱动力 ····························· 105
- 4.8 能力 ······································· 106
- 4.9 实现战略敏捷提出的概念模型 ··· 108
- 4.10 本章总结 ······························· 115

第5章
IT服务管理战略敏捷的案例研究

  5.1 导言 ······ 119
  5.2 IT服务管理 ······ 121
  5.3 提出的IT服务框架 ······ 126
  5.4 应用案例 ······ 135
  5.5 本章总结 ······ 144

第6章
云计算是组织战略敏捷的驱动力

  6.1 导言 ······ 149
  6.2 研究的目的和目标 ······ 151
  6.3 文献综述 ······ 152
  6.4 理论基础 ······ 156
  6.5 研究模型与假设 ······ 161
  6.6 研究方法 ······ 167
  6.7 定量方法 ······ 169
  6.8 本章总结 ······ 184

附录A ······ 186
附录B ······ 189
参考文献 ······ 190

第1章

概述

1.1 背景

如今，管理者越来越需要对内外部的不确定性事件和业务机会做出及时响应，通过灵活与敏捷的行动，保证企业的经营业绩。问题是企业普遍没做好应对重大不确定性事件和不可预测性事件的准备。一般情况下，商业实践是确定和可预测的。同样，开发信息系统也不是为了应对变化和不可预测性事件。因此，对于许多企业来说，更新信息技术是实现业务敏捷需求的重要因素。

一项研究表明，只有不到一半的首席执行官相信IT对他们事业的成功有贡献。麻省理工学院对1500名IT经理的调研表明，71%的美国公司处于企业架构成熟度的第1阶段或第2阶段，这也解释了为什么在许多企业中IT是业务敏捷的助推器。

缺乏敏捷会影响企业的业绩，例如，导致新产品发布的延期。根据一项研究成果，在制药和化妆品行业，新产品延期6个月发布带来的损失会超过该产品整个生命周期营业额的30%。另一个例子是美国通用电气公司（GE）计划在其企业管理驾驶舱（为企业领导提供的指标分析型系统）中，使用实时信息监控企业业绩，以快速适应必要变化，并以此节省100亿美元。

企业通过改变运营方式和业务流程来检测不同部门对工作中出现的不确定性事件和突发事件能否快速做出反应，以衡量它们之间是否存在显著的能力差异。基于这种考量，企业可以通过扩大（或者减小）这些特定职能，或缩减审批流程，提升灵活度，来应对意料之外和不可避免的变化。

这两个例子突出了信息系统在提高响应和敏捷方面的好处。本书分析了信息系统敏捷对运营敏捷的影响，帮助组织处理连续不断的不确定性和不可预测的事件。

今天，在经济环境总是不稳定的情况之下，敏捷已成为一种必备的、强制的甚至是必不可少的品质。同样，信息系统敏捷有利于组织满足客户需求，应对竞争挑战和快速演进技术，它已经成为所有信息系统部门的主要目标，是任何企业都必须具备的品质。

面对内部和外部环境的各种转型和多样化的需求，构建企业信息系统对于促进公司发展，调整公司定位、结构和技能至关重要。所有这些都要与企业战略发展保持一致，同时确保信息系统永远与全局战略、互操作性、集成性、自主性和灵活性保持一致。换句话说，企业信息系统必须敏捷。

1.2 为什么现在要敏捷？

下面的内容介绍了这个主题，并对本书中的研究成果进行了概括描述。我们会问："为什么现在要敏捷？"我们相信至少有三个答案。第一，在当今的商业环境中，企业的生存与成功变得越来越难。在多变和充满不确定性的时代中，敏捷能够识别和应对可预测与不可预测的情况，是很有前景的一种策略。最近，一项提高敏捷的重要商业活动，以敏捷软件开发、敏捷制造（Agile Manufacturing）、敏捷建模和敏捷迭代的形式得到了推广。敏捷在IT中的普及是一个漫长又费力的过程。许多IT项目顺利地开发了一个产品，但却未能实现预定目标。人们意识到信息系统敏捷对于快速变化的业务环境有多重要，尤其是在这个数字化时代。在数字化时代中，敏捷是指快速提供解决方案，并有能力快速适应不断变化的需求。

第二，长期以来，业务环境虽然有变化，但一直相对稳定。就算是一个根本性改变，变化的速度也保持相对缓慢，不会很快引发其他重大的变化。

在这种相对稳定的环境下，企业不会快速、积极地应对内外部突发事件。更具体地说，互联网作为通信和交易的基本方式（手段），它连接所有人和物的能力，已经对商业和消费者市场造成了（并将继续造成）深刻改变和不确定性。

第三，经济环境的变化和事件通常是可以预测的。然而，技术、创新、公共政策变化和放松管制正在破坏商业格局的稳定，并重新设计这个世界。

弗里德曼（Friedman）认为，21世纪的全球化将世界扁平化并更易于交流。剧烈的"非线性变化"导致不同秩序的出现也越来越频繁。此外，变化的步伐越来越快，商业网络中的连接越来越多，越来越复杂。行业的边界正变得越来越模糊（金融、媒体、电信在和IT融合）。然而，再中介化（使用数字媒体和电子网络的中介）形成了具有新能力的新利益相关者，为最终客户提供新服务。

监管的变化和外部的要求对于问责制、可持续发展和安全生产进行监督管理，并会对产品、流程和组织资源产生重大影响。为了长期保持企业的竞争力和坚持不懈的韧性，企业必须能够发现不确定性事件，快速响应，并从经验中学习。

敏捷让企业能够快速识别和响应不可预测的事件，满足不断变化的客户需求。这是今天商业世界中必不可少的能力。

新技术和新商业实践不断地被引入，用于创造或改变全球市场需求。

有两个例子说明了这一点。其中一个例子是关于2008年国际金融危机中遇到的巨大挑战，这个例子有助于我们理解敏捷在IT服务公司的作用。冰岛一家名为"冰安"（IceSafe）的银行遇到了财务问题，它的客户很多天都无法通过互联网访问他们的储蓄账户，这在冰安银行和欧洲其他银行客户之间引起了巨大恐慌。客户需要让他们的银行账户资金永远安全，并且随时可以通过互联网取回。客户无法访问冰安银行的网站和账户信息，导致其他银行的流量激增。因此，为诸如冰安银行这样的机构提供IT托管和维护服务的IT服务公司，应该能快速响应并为他们的客户维护网上银行服务。

另一个例子是关于沃尔沃的销售和IT部门管理售后市场敏捷供应链的开发和实施。沃尔沃开发了在互联网上销售零配件的平台、网络服务和门户网站。在现有全球零配件物流领域建立新渠道的压力增加了沃尔沃创建和整合新平台的难度。沃尔沃不断进行场景化开发，确保项目正确部署，不断总结经验并改进项目，它这样的工作方式充分体现了敏捷。

在冰安银行例子中，如果使用智能代理软件，可以帮助IT服务公司主动识别网络托管服务中可能存在的中断，及时启动响应流程，避免潜在的网上银行服务中断。

这两个例子告诉我们，IT必须能提高信息系统的响应和敏捷。

1.3 敏捷有什么作用？

为应对全球化和各种内外部挑战，公司必须提高反应水平。灵活性增加了组织、流程和系统的反应能力，但只有几个方法能够实现。除了一开始把灵活性内嵌到系统中，其他提高反应水平的方式都有很高的成本。

要想在变化的环境中生存，应对市场的波动，需要一个新概念。

这个概念被称为敏捷，在20世纪90年代初被引入美国汽车行业。美国国防部要求理海大学（Lehigh University）的研究人员提出一个愿景、一个概念框架和一系列建议方案，用于创建有效的工业基础设施。作为这项工作的成果，理海大学艾柯卡研究所（Iacocca Institute）发表了题为《21世纪制造企业战略：一个领先的行业观点》（"21st Century Manufacturing Enterprise Strategy: An Industry-Led View"）的报告。在这一篇报告之后，更加深入地探索敏捷概念的敏捷论坛（Agility Forum）诞生了。

为了处理易变市场中的客户需求，一种新的制造范式，即敏捷制造，被开发出来。敏捷制造整合了各种柔性生产技术，从全面质量管理、"准时制"生产和精益生产（Lean Production）中吸取了经验。

高曼（Goldman）和内格尔（Nagel）在1993年将敏捷定义为在不断变化、不可预测的竞争环境中，对不可预见的全球市场变化做出快速反应的能力；在全球市场中，低成本、高性能、高质量的产品和服务对客户来说是根本性的需求。

之后，又有若干关于敏捷制造和敏捷企业的书相继出版。随后，敏捷这一概念被扩展到供应链和商业网络中。近年来，许多研究人员分析了IT如何支持业务敏捷，以及敏捷如何提高信息系统性能。

IT是业务敏捷的关键资产，也是可能阻碍或促进业务敏捷的重要能力。经过多年发展，IT已经变得相当成熟，能够极大地优化并使用昂贵且有限的技术资源，角色和关系也已经确定。IT已经成为标准化和广泛共享的知识，并由于规模经济降低了其成本。

本书基于三个不同视角的研究流派，介绍了IT能力和组织敏捷（绩效）之间的关系。根据第一个流派的观点，IT能力不是必要的，也不妨碍公司的敏捷表现。第二个流派的观点是IT能力有助于提高公司的敏捷（绩效）。第三个流派认为，IT能力有助于提高公司的敏捷（绩效），但那是在有限的条件和情况下。本书将提供与第三个流派相关的研究资料。

1.4　IT是实现业务敏捷需要克服的难题

几十年来，关于IT对组织响应能力和灵活性有何种影响的众多研究，存在相互矛盾，甚至是完全不同的结论。在许多业务流程再造的案例中，IT是快速和深度变革的主要难题，因为信息系统的深度转型只有靠重新设计信息系统。传统的IT架构将业务规则直接内嵌在信息系统之中，这成了快速变革的重大障碍。大公司的IT部门响应缓慢，也缺乏敏捷。造成这种不可靠性的主要障碍包括现有信息系统、过度复杂的IT架构，以及公司和IT部门之间缺乏互动（业务部门与IT部门之间无效对齐）；除此以外，还有高层管理者和IT经理，对IT的重要性以及何时采用新技术存在分歧。

IT基础架构和应用程序的复杂性，阻碍了支持业务敏捷新系统的快速开发和部署。

1.5　IT服务于业务敏捷

IT能够基于开放标准的信息系统提高组织敏捷（以促进合作伙伴转型），专注最佳的功能领域，在有限的时间内灵活且低成本地开展变革。IT敏捷日益提高了业务的适应性（即业务敏捷）。自动化已经从后台系统（20世纪80年代）走向前台系统（20世纪90年代），IT基础设施自动化能适应每个业务决策。此外，职能型（垂直）IT架构也被水平设计（大型企业）所取代。

在过去的几十年里，IT保护主义者和IT供应商提出了一些概念和策略，来帮助公司实现IT敏捷和组织敏捷。他们设计了多种组织模型和IT敏捷方案来实现业务敏捷，应对意料之外的变化。我们研究发现，许多书和论文都指出了IT对提升组织反应能力的作用。

通过无处不在的信息系统和特殊的IT基础设施打造一个敏捷组织，它能够快速而灵活地配置IT和人力资源，响应不断演进的需求。

如今，首席执行官越来越认识到敏捷对响应（不论主动或被动）内外部不确定性事件和业务机会的重要性。然而，很有挑战的是，组织普遍不是为了应对严重的不确定性事件和不可预测性事件而构建的。商业实践建立在确定性和可预测性的基础上。而且，信息系统设计之初也没考虑应对变化和不可预测性。

1.6 研究目标

本书旨在创建一个解释性框架，阐明信息系统在学习能力支撑下，通过什么方式，在哪些条件下，更好地帮助组织识别和响应不确定性事件。本书的主要研究问题是战略信息系统敏捷在应对不确定性事件时有哪些影响。

表1-1列出了本项研究中具体问题的简要描述，以及讨论这些问题的章节信息。

表1-1 研究的问题及其所在章节

研究的问题	所在章节
如何在企业信息系统中实现敏捷	第4章
敏捷如何影响IT服务	第5章
采用云计算如何提高IT敏捷	第6章

1.7 研究设计

本书的研究计划包括四个部分。第一部分是概述,即第1章。第二部分包含已有案例的文献综述和深入分析,将在第2章和第3章呈现一个全球性的研究模型。第三部分介绍基于全球范围的研究模型,包含第4章和第5章,对不同行业和领域的敏捷概念进行了整体分析。第四部分是敏捷应用及未来工作,即第6章。

1.8 贡献与意义

本书旨在为科学界和商业界服务。这些成果将帮助您了解IT如何提高业务敏捷,加深对IT服务管理(ITSM)敏捷与组织在敏捷时代响应不确定性事件之间关系的理解。

作为更符合实际的成果,本书为管理者提供一些必须敏捷应对的事件概貌,在这些情况下,IT应该帮助组织响应和总结经验,通过实践框架来提升个人和组织能力,并在IT资产与服务信息系统、管理和战略领域实现敏捷。最终,让管理者决策时明确目标,直面挑战,并管理IT来推动信息系统的战略敏捷。

作为应用研究，本书中的研究试图帮助解决IT敏捷中的战略级差距问题，即"知"与"行"之间的差距问题，这是一个在全球范围被大家公认的重要且真实的问题。我们大胆地尝试解决这个问题，这也是本书中研究的起因。本书中的研究克服了公司治理和IT敏捷新领域的一些挑战，为该领域的学术文献贡献了大量知识，奠定了研究基础。

本书对IT敏捷做出了以下重要学术贡献：

- 第一个贡献是关于IT敏捷的文献综述。很明显，虽然有IT敏捷及其形式的重要文献，但缺乏关于IT敏捷的内部和外部因素对IT投资决策重要性的文献。
- 第二个贡献是为IT服务管理定义了敏捷实用框架，并且确定了框架的基本方面。从理论和实证研究收集入手，通过分析组织最佳实践经验，得到答案和反馈。
- 第三个贡献是基于创新的特征、技术、组织架构和环境背景，决定是否采用云计算，并评估云计算将如何改变信息系统的敏捷。

1.9 本书结构

本书的整体结构如图1-1所示。第2章通过分析不同类型的研究成果，从手工生产到"敏捷"概念的兴起，回顾了有关敏捷的研究。第3章概述了基于三个相互依赖阶段的信息系统演进。第4章结合实例说明了信息系统敏捷的发展，并提供了在组织信息系统中采用敏捷的概念模型。第5章通过一个大型组织中的案例研究，提出了IT服务管理战略敏捷的框架。该框架将影响面向IT的用户生产力的所有方面,并实施一种敏捷方法来管理这些方面。第6章提出了关于云计算何时以及如何成为一个有用工具的建议,并概述了现有研究的局限性和对未来研究的展望。其主要目标是探讨敏捷如何影响采用云计算的决策,以及云如何提高IT敏捷。我们还在中东和北非地区进行了调查,涉及制造业和服务业的大中型组织。最后,我们讨论了本书的关键结论和局限性、对学术界和商业界的贡献,以及对未来研究的一些建议。

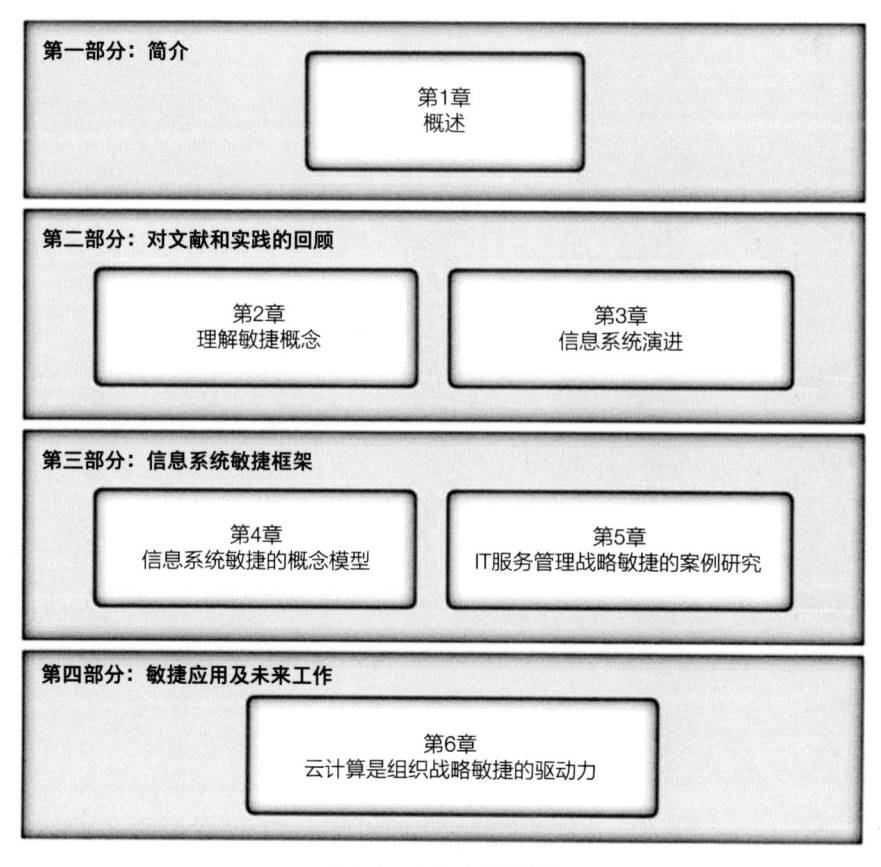

图1-1 本书的整体结构

第 2 章

理解敏捷概念

制造业经历了多个阶段的演进和制造范式的转变。制造范式从手工生产转变为大规模生产，再转变为精益制造，最后转变为敏捷制造。敏捷将减少相关产品和服务从诞生到上市所需的时间。21世纪的公司，必须满足要求苛刻的客户群体，客户不断地寻找更高质量、更低成本的产品，来满足他们不停变化的特殊需求。公司处于充满竞争的时代，并要根据交付、产品质量以及在客户服务和满意度方面的整体卓越表现来"突破边界"。为了应对这些挑战，一种新的业务管理方式被提出来，即"敏捷"，其概念是：通过有效响应市场变化并不断改进为客户设计的产品与服务，在以不断变化和不可预测为特征的竞争环境中生存下去的能力。本章通过分析多项研究成果，对敏捷概念相关的研究进行了回顾。这项分析是在敏捷、管理和组织这三个词语的元模型基础之上展开的。

2.1　导言

许多研究已经对敏捷概念进行了解释：它们将敏捷定义为在持续和动态变化背景下，运营和竞争的能力。美国国防部高级研究计划局和敏捷论坛将敏捷定义为：

> 敏捷是持续地在出乎意料的环境变化中获得成功的能力；敏捷概念由一群不同的工业公司建立，是提高和保持美国制造基础竞争优势计划的一部分。
>
> ——萨尔基斯（Sarkis）

精益、柔性和敏捷是近年来引起研究人员关注的战略性组织哲学。

- 精益制造：消除浪费，最大限度地减少资源使用。
- 柔性制造：与其说是一种战略，不如说是一种方便生产链重新配置和定制的结构。
- 敏捷制造：一种包含精益制造和柔性制造的战略，用以发展世界级公司和竞争力。

根据这些定义，精益和柔性的概念是敏捷概念的一部分；其他研究则主张它们应被视为既独特又可分离的哲学概念。此外，许多学术和实践研究探讨了制造的柔性和精益，提供了与之匹配的特定元素、定义和分析模型。精益制造是各种实践的结果。它作为汽车工业国际基础实践的一部分，由麻省理工学院的研究人员提出。敏捷、柔性和精益之间的关联和作用可以提供部分敏捷定义。为了响应行业对敏捷的要求，在《21世纪制造企业战略：一个领先的行业观点》报告中首次出现敏捷这一概念。

敏捷包括四个主要维度：输出、输入、外部影响和内部运营。

- 输出：让客户获得满足的"解决方案"产品。
- 输入：协作以提高竞争力。
- 外部影响：不可预测的改变和社会价值观。
- 内部运营：充分利用人力资本和信息的影响。

敏捷性体现在实体组织之间的商业往来中，包括投机的客户和适应性强的生产者之间的博弈，这被称为机会管理。环境不确定性的另一个关键因素，是具有灵活性的生产者和被定义为创新管理、毫无感情的技术之间的关系。

2.2 敏捷背后的巨变

为了解释敏捷的发展，有必要制定一个关于制造范式演变的大事记年表。最初，敏捷在制造领域发展起来，而到了1991年，敏捷这个术语已经在管理层和组织之间广泛传播。

三种主导范式影响了现代世界的工业生产。18世纪以前，欧洲就出现了手工生产。在这种范式下，生产者（主要是工匠）承包并完成单个项目。消费者通常需要独特的产品和差异化的预制品。这种范式的特点是产品产量低，产品品种广泛。第二种范式是大规模生产，19世纪到20世纪之间（随着蒸汽机在17世纪末被发明）在美国大力发展。在这期间，生产规模随着泰勒主义和亨利·福特生产线的出现而进一步扩大，生产线开足马力生产"通用式"的产品，来响应消费者日益强烈的需求。更新的一种范式是精益制造，发展于日本，直到20世纪90年代末，才被接受成为可行的生产替代方案，尽管精益早在1945年就开始出现了。精益制造试图利用大规模生产的优势，结合准时制（JIT）原则和消除浪费，来使生产产品的总成本最低。这种制造范式的特点是不仅产品的产量大，而且产品种类也超过大规模生产制造范式的。图2-1描述了这三种制造范式的发展概况。

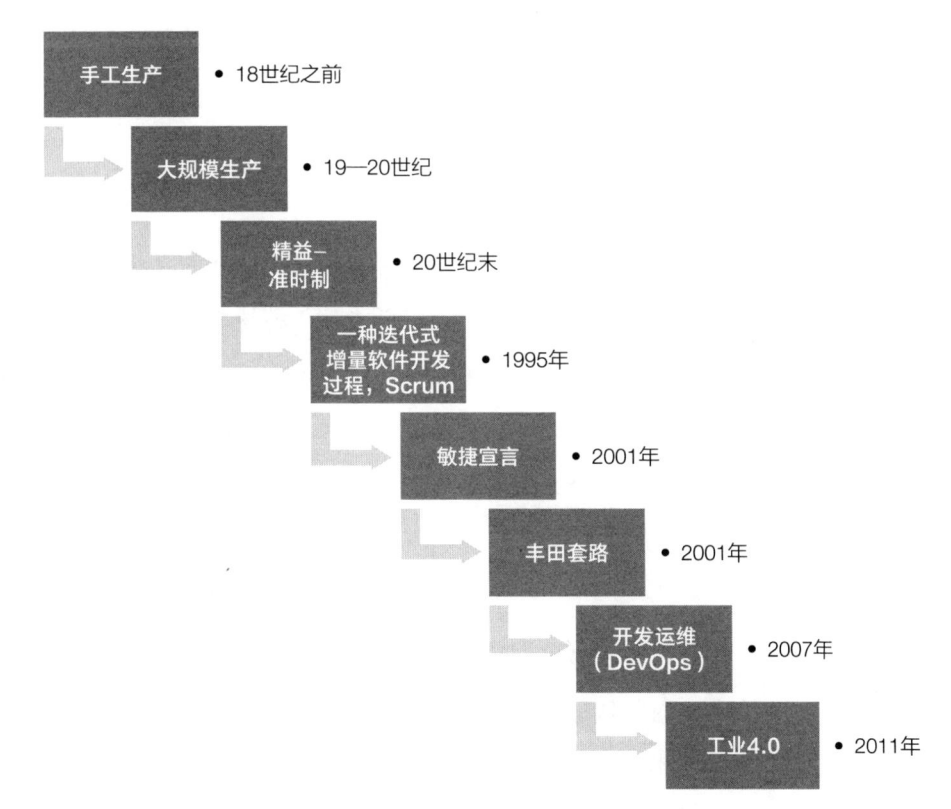

- 手工生产 • 18世纪之前
- 大规模生产 • 19—20世纪
- 精益-准时制 • 20世纪末
- 一种迭代式增量软件开发过程，Scrum • 1995年
- 敏捷宣言 • 2001年
- 丰田套路 • 2001年
- 开发运维（DevOps） • 2007年
- 工业4.0 • 2011年

图2-1 制造范式的发展概况

随着制造范式的每一次转变，积极推动这些重大变化的国家，已经从它们在市场的领导地位中获益。例如，20世纪80年代，北美和欧洲没有采用精益，导致它们在一些重要行业的竞争中失去了巨额的利润和市场份额。这些行业包括汽车、金属工业、家电和家具。它们曾试图通过大量投资自动化来击败竞争对手，但带来的却是高额成本和失败结局。

基于这一观察结果，许多研究人员和从业者于1991年聚集在美国，提出了一种新的制造范式：敏捷制造。1991年以来，许多研究人员通过研究和发展这个新范式，或者以简单承认它的方式接受了这个转变。然而，当大量文献倾向于接受这个新制造范式时，有两篇文章暂缓了这个转变。巴斯克斯-布斯特洛（Vázquez-Bustelo）等人认为，敏捷制造与以前的制造范式并没有根本性不同。虽然精益制造被认为是对大规模生产制造范式的改进，但敏捷制造打破了大规模生产制造范式，因为它生产了高度定制的产品，而且它聚焦于运营的主动性而非被动反应。萨尔基斯认为，敏捷似乎是元模型层次上的一个范式。

> 致力于消除浪费，通过与从事某项活动的跨职能团队的工作内容相结合，共享信息，并专注于持续改进和保障质量等方面来实现。所有不必要的任务都被消除了，所有步骤都被对齐到一个连续的活动流中。这样可以用最少的人力、工具和总费用来设计、开发和分销产品。
>
> ——萨尔基斯

因此，如果敏捷制造兴起的关键与制造范式的变化相关，那么有必要在第一时间快速地识别与理解它们，然后了解其他社会现象及其对商业世界的影响。实际上，需要弄清的不仅仅是制造范式，还有当今世界正在发生的一系列影响深远的变革。

近年来，信息和通信技术的快节奏发展以及它们与供应链的整合，引发了第四次工业革命——"工业4.0"。由于技术创新和客户需求不断演进，业务竞争越演越烈。商业生态系统的变化将深度影响运营框架制造范式和管理战略，使组织能够应对和接受不断演进的生态系统中的新挑战。

工业4.0兴起以来，越来越多的企业整合了新工业革命的原理和技术，用以提高生产力和绩效。工业4.0的主要优势在于它对社会许多方面的重大影响。

从典型用户的角度来看，工业4.0在职业、家庭和社会领域的影响最为明显。智能家居、智慧城市和智慧办公室，还有电子健康系统，这些只是新范式改变世界的可能场景。同样，工业4.0最显著的影响大概是在工业制造与管理、供应链与业务流程管理领域。在当今竞争激烈、快速成长的商业环境中，公司必须在业务流程中采用新兴技术，管理价值链中不断增长的数据流，以实现高效管理。

工业4.0包括自动化系统，通过提供从各种设备、传感器中来的数据，实现制造和服务运营的定制化、敏捷和响应性。这导致许多领域产生了新能力，包括新产品设计、原型与开发、远程控制、测试与诊断、预防与预测性维护、可追溯性、必要的健康监测系统、规划、创新、实时应用和敏捷。工业4.0提供了显著的业务优势，包括产品定制、实时数据分析、自主监控、开发和动态产品设计，以及生产效率提升。

2.3 制造范式的发展趋势

如前文所述，制造范式在过去200年里不断演进。此外，该研究认为全世界的效率在持续变化，人们不仅需要关注这一点，而且要投入持之以恒的努力。

尽管规模经济和不断追求生产效能最大化，是组织产生利润的法则，但这种制造范式僵化了能力，导致重新配置产能时困难重重。这种僵化逐渐成为制造范式变革的一个制约因素，尤其是在采用精益制造的日本。自20世纪80年代初以来，各组织一直将谋求生产灵活性、消除浪费、缩短时间与生产周期当作优先要做的事。

经济和市场环境导致所需产品和服务的种类增加。由于这种现象，市场以惊人的速度出现、变化和消失。这些变化需要组织在盯着新需求的同时，保持生产力提升及成本优化，并能够快速地优化更新生产体系的组织结构。

因此，生产已不仅仅是将原材料转化为畅销的产品，而是信息转换（客户需求、设计数据、数据生产等），地理转换（"物流"）和可用性转换（"库存和期限控制"）。事实上，今天的制造业是将一个创意转变成一款实体的、令人渴望拥有的产品的制造过程。

敏捷制造的概念首次出现在理海大学的报告《21世纪制造企业战略：一个领先的行业观点》中，随后发表的几篇不同类型的文章，发展或普及了敏捷制造的概念。

总之，制造系统是复杂的自适应系统，历经手工生产、大规模生产、精益制造和敏捷制造等不同范式的演变。图2-2中概述了各种制造范式的演进及相关特征。

手工生产
（综合性）

大规模生产
（专用性）

精益制造
（灵活性）

敏捷制造
（可重构性）

图2-2　制造范式的演进及相关特征

2.3.1 精益制造

日本专家在世界制造业中掀起了一场风暴,从20世纪70年代开始持续不断地研究,他们确立了精益制造管理实践的优势。因此,增值生产可以为管理者及整个组织提供一种方式来构建设施和制造装备,以提高生产力和效率。

班博(Bamber)等人在一份减少瘦肉消费的研究报告中,将精益制造定义为通过专注于消除系统中不增值的浪费和活动,来最大限度地使用资源的一套原则和实践。

许多制造业企业都推广日本的制造范式,如准时制、持续改善、全面质量管理、团队参与等员工激励措施,已经彻底改变了商业世界。然而,沃马克等人对日本制造业公司的研究表明,日本的制造范式显然不是一夜之间突然产生的。制造领域的其他研究人员甚至断言这是从一个极端到另一个极端之间的逐渐过渡。在物料需求规划和缓冲体系检查方面,泰勒主义是可以预测的。根据各项分析研究得出,精益制造系统在持续改进中,逐步实现了准时制生产和质量保证,以及培养了高效率的多技能工人。

虽然精益制造的限制被反复强调,包括年轻工人缺乏在工厂工作的意愿,产品种类过多,以及对供应商的极端压力,但是作为先驱的日本专家大野仍与丰田等大公司密切合作,大力发展精益制造。这些日本专家知道组织如何实施准时制、全面质量管理和团队参与,从而成为世界级制造工厂。图2-3展示了制造三部曲。我们可以看到,除了工厂生产之外,精益的公司还需要供应商参与、分销物流、高效的设计和对服务的关注。因此,如图2-3所示,准时制可以被认为发生在工厂内部,而精益制造扩大了供应链结构的边界。

准时制的目标是不断地消除浪费和减少从原材料到最终客户、从概

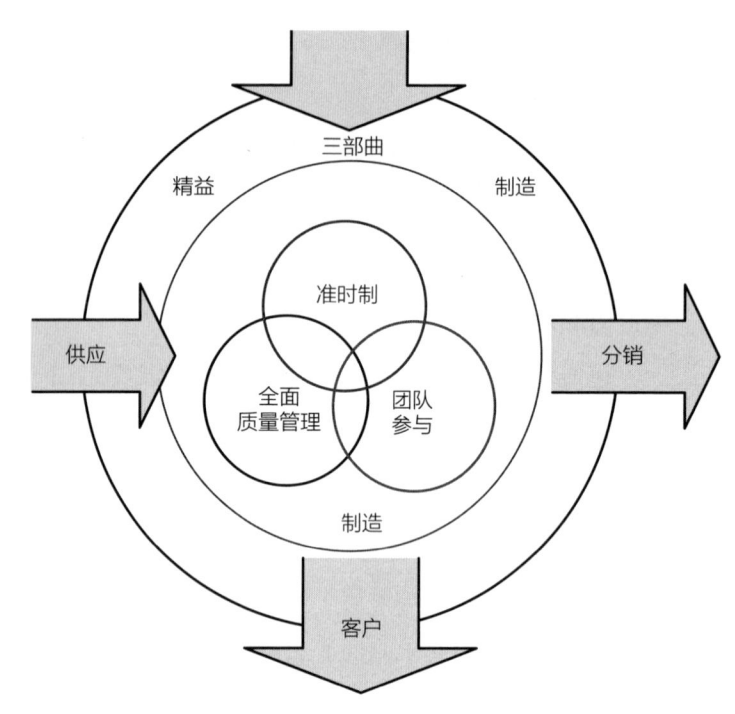

图2-3　制造三部曲——准时制、全面质量管理和团队参与

念到市场等每一个阶段的延迟。精益制造的目标是设计和生产优于客户对质量、成本和时间期望的产品和支持服务。此外，沃马克等人提出利用精益思想减少浪费，主要应该聚焦在以下几个可实现的目标：

- 只使用一半的空间；
- 只使用设备投资的一半；
- 人力投入减少一半；
- 将时间缩短到一半以下；
- 使用少于一半的库存；
- 将缺陷减少到一半以下；
- 增加产品种类；
- 改善客户服务。

为了理解精益制造范式，夏普（Sharp）等人在回顾精益制造文献的基础上，提出了一系列精益制造的特征，如下：

- 关注客户的利益；
- 与各领域的供应商密切合作；
- 分享合作中获得的收益；
- 尊重公司及供应商的所有职能与运营领域，以及所有人；
- 所有人的技能和贡献都得到高度评价和重视；
- 设计和制造部门持续合作，特别是支持和促进质量提升，或反映客户的利益；
- 以持续提高运行效率和防止缺陷为导向，改善生产工序和运营。

2.3.2 全面质量管理

全面质量管理的概念依赖于公司内每个员工的全面承诺，不能仅仅通过质量体系来实现。这种观点很流行，因为质量体系传统上关注质量保证和质量控制，而不是全面质量管理。此外，虽然建立质量体系（如ISO9000系列质量管理体系标准）很重要，但更重要的是不能止步于此，而是要通过创造文化变革，不断提高质量，超越现有标准的要求。因此，在全面质量管理的文献中，持续改进和文化变革被定义为组织成功的关键。对于是哪些要素构成了组织的全面质量管理，存在不同的观点。例如，克罗斯比（Crosby）定义了支撑质量计划的四大支柱，分别是管理层参与、专业的质量管理、原型测试和检查以及认可度。而麦克纳利（McNally）更详细地定义了一个框架，如图2-4所示，提供了一个更加缜密的定义。

图2-4 全面质量管理系统模型

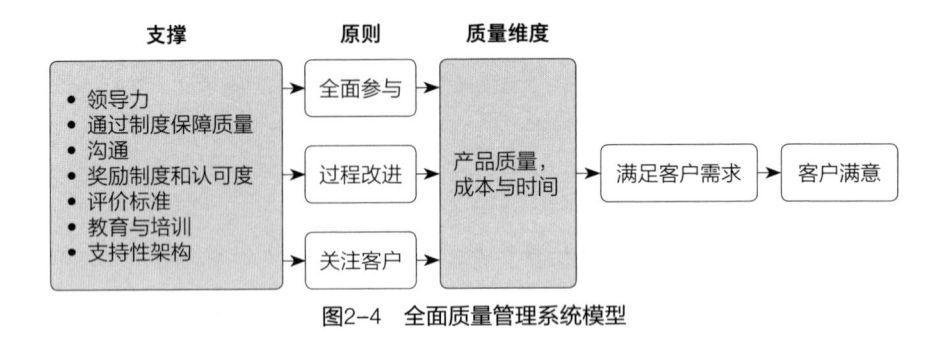

德托（DeToro）和蒂纳（Teener）也在全面质量管理模型中指出：领导力、通过制度保障质量、沟通、奖励制度与认可度、评价标准、教育与培训、支持性架构是质量管理的关键要素。该模型还包含了全面质量管理概念的三个原则，即全面参与、过程改进和关注客户，这是公认的提高全面质量管理的催化剂。

图2-4中提供了一个质量管理框架，它需要负责的管理者和有效的领导力、价值观、态度和行为来制定政策保障质量，并通过沟通、团队合作、提升认可度、实习和培训来实施质量管理。

2.4 敏捷管理范式的演进

日益增长的全球竞争是发展一种将敏捷集成到工作过程中的新生产管理方式的主要原因。因此，早在1969年，斯金纳（Skinner）就提出制造战略应该是商业竞争战略的主要驱动力，这是许多组织在业务改进的努力中缺失的环节。除了可感知的潜在变化趋势外，新业务时代的兴起已经让位于新商业时代的兴起。

2.4.1 变革管理

变革管理是组织保持竞争力的必要条件。组织的变革会导致组织文化的长期变化。一个典型的例子是在某一领先企业，人们热衷于尝试新想法，并认识到失败是成功的重要组成部分。传统的战略变革过程（即第一战略变革过程）可分为五个关键步骤，图2-5展示了五个关键步骤间的关系：落实组织愿景，组织使命是行为习惯的载体，改变行动，影响组织文化发展。图2-6展示了一种新范式，与前文提到的文化变革过程有相同的要素，但不同的是，行动成为文化变革的起点。

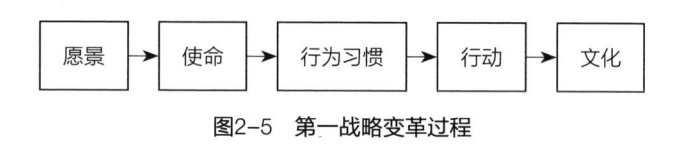

图2-5　第一战略变革过程

正如提出战略变革管理的新范式一样，彼得斯（Peters）和沃特曼（Waterman）调研了超过46家成功的公司，其中的大多数公司选择"行动"作为它们追求卓越的第一步，如图2-6所示。行为会导致员工行为习惯的变化，随后引起文化的变化。这是领导过程导致的，正如瑞文斯（Revans）所说："没有行动离得开学习，也没有学习独立于行动之外。"这证明了学习和变革是同义词。成功地学习将让组织具备不惧挑战、动态变化的行为习惯，进而形成持续改进的文化。

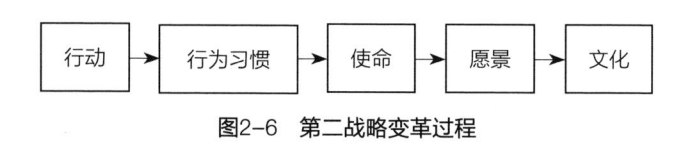

图2-6　第二战略变革过程

持续改进的概念就是战略理论家称为"动态能力"的一个例子。大多数企业通过持续改进形成动态能力（创新的优势）却仅仅用于降低价格，已经不是一个可行的战略了。因此，竞争优势越来越基于在困难重重、不可预测的环境中竞争的动态能力。此外，具备学习能力提供了组织中大多数人参与创新的机制，并且更适应支持市场竞争。

许多研究人员认为，一个组织通过创新和持续学习能够成功地促进和管理变革的能力是一个重要的战略优势。例如，当一个组织的大部分人参与学习和创新过程时：

> 作为一组行为习惯，学习和创新的战略优势至关重要——同时这也解释了为什么它提供了相当大的竞争潜力，因为这些行为模式需要时间来学习和制度化，而且很难复制或转移。
>
> ——贝赞特（Bessant）和弗朗西斯（Francis）

此外，参与变革过程是减少变革阻力和推动发展的一个因素，揭示出参与学习与创新同成功的组织变革之间的紧密联系。

日益增加的全球竞争是发展一种将敏捷集成到工作流程中的新生产管理方式的主要原因。因此，斯金纳在1969年率先提出，制造战略应该是商业竞争战略的主要驱动力，并且它是许多组织业务改进努力中缺失的环节。正如前文所提到的那样，潜在的变化趋势已经为一个新的商业时代的出现奠定了基础，它将超越包括大规模生产、世界级制造原则和精益制造在内的传统领域。

理海大学艾柯卡研究所于1991年发表的一份报告《21世纪制造企业战略：一个领先的行业观点》，描述了一种被称为"敏捷"的新制造范式。

该报告编写的目的是识别美国工业界在恢复制造业竞争力方面的需求。它的结论是在1991年的时候，渐进式地改进当时的生产系统将不足以在全球市场中具有竞争力。基于这个早期的敏捷概念，理海大学通过研究、焦点小组和行业合作等方式，率先发展出了敏捷制造范式。敏捷论坛的工作最初聚焦在敏捷，之后继承敏捷早期的发展，进一步演进了敏捷的概念，并对敏捷制造理论做出了重大贡献。

变得敏捷意味着能掌控变化——允许组织想做什么就做什么，想什么时候做就什么时候做。敏捷是动态的、适应环境的、积极变化并以增长为导向。这不是一个通过提高效率，降低成本，或堵住公司的大门来抵御外部猛烈的竞争风暴的问题。真正的挑战在于成功赢得利润、赢得市场份额和赢得位于竞争风暴中心的客户。

敏捷是组织对眼前的机会做出快速有效响应，并有能力针对潜在需求开发具备前瞻性的解决方案。实际效果取决于组织和组织成员，为了个人、组织及其客户的利益而进行合作的程度。

基德将敏捷定义为在持续变化和不可预测的竞争环境中保持繁荣和蓬勃发展的能力，通过以客户为中心的产品和服务评估，快速对高速变化的市场做出反应。即将到来的商业体系将取代今天的大规模生产企业。

这些定义从效果的角度描述了敏捷；尽管美国敏捷论坛做了很多工作，提供了敏捷的可操作特性，但并没有精确定义敏捷或说明如何实施敏捷。

根据敏捷论坛进行的研究，敏捷制造被定义为在持续变化和充满意外的竞争环境中，快速响应高速变化的市场，为客户提供定制的产品和服务，保证自身蓬勃发展的能力。因此，敏捷的基础是快速适应或快速重新配置来响应业务环境变化的能力，包括敏捷论坛所描述的控制变化的能力；或者开展变革来应对重大不确定性和不可预测事件的能力。因此，理海大学的研究人员提出了敏捷制造有四个主要基础：

- 变革管理和不确定性的一种形式（创业型组织）；
- 丰富客户、产品、解决方案（提供全球解决方案）；
- 利用人们的知识和信息；
- 与合作伙伴进行虚拟协作以提高竞争力。

2.4.2 掌控创业型组织中的变化和不确定性

敏捷竞争力需要在变化、不可预测性和不确定性中茁壮成长的能力。那些有着等级制度和组织结构、通过命令和控制管理的传统公司，被认为无法快速响应不断变化环境中的需求。

许多专家认为，对于敏捷企业来说，组织结构应朝着敏捷方向发展，尽可能扁平并保持动态，以控制变化和不可预测性。组织必须通过采用一种更扁平、更具创业精神的战略来快速激发员工热情。为了实现这一点，人们必须承担比传统的线性组织更广的责任，并获得相关的授权来应对客户不断变化的需求。

敏捷制造范式面对的现实是一个动态的商业环境，即客户和市场日益细分和专业化。在不断变化的市场中演进的公司，已经发展出了一种内生的敏捷能力，特别是在生产流程的设计方面，它们使用了快速原型设计和同步工程技术。

因此，达夫（Dove）论证了快速原型技术可以在某些情况下提供战略竞争优势，减少从设计到上市的时间至少75%，赢得市场份额。

2.4.3 在敏捷领域的工作

由艾柯卡研究所发布的敏捷研究，以及随后推出并通过测试的敏捷制造基础设施框架一直在持续发展。这个框架基于行业领先的研究，由一组敏捷竞争基础与共同特征、系统元素和使能者系统发展而成。如图2-7所示，这些已成为大量研究的主题和行业改进的基础。

敏捷论坛在一个框架中发展了敏捷理论，该框架将许多学科的概念

竞争形成与特征	制造企业元素	必须包含的使能者系统
竞争基础 • 持续变化 • 快速响应 • 演进质量 • 演进责任 **企业特征** • 并发 • 持续教育 • 客户响应 • 动态多风险投资 • 员工价值 • 团队中的个人授权 • 企业环境 • 灵活配置/重新配置 • 信息可访问和使用 • 质量高于产品生命 • 短周期 • 技术领先 • 技术敏感 • 全企业集成 • 基于愿景的管理	业务环境 沟通与信息 协作与团队因素 企业灵活性 遍及企业的并发 改善环境 人为因素 外包商与供应商支持 技术部署	• 持续教育 • 客户交互系统 • 分布式数据库 • 授权给个人与团队 • 企业集成 • 演进标准 • 全球宽带网络 • 全球多风险投资 • 群组软件 • 人机接口 • 集成方法 • 智能控制 • 智能传感器 • 基于系统的知识 • 模块化可重构流程硬件 • 组织实践 • 绩效度量标准与基线 • 快速协作机制 • 表示方法 • 模拟与模型 • 软件原型与生产力 • 完善会计管理机制 • 技术适应与转换 • 管理与减少浪费 • 零事故方法论

图2-7 敏捷企业框架

合并到一组清晰易懂的业务元素中。泰尔米尼（Termini）对企业的这些要素进行了评审，她认为下列这些要素有助于提高企业的核心竞争力：

- 恰当的、持续的技术创新；
- 能够主动识别市场机会；
- 有能力培养和维持一支多元化、受过良好教育的劳动力队伍；
- 加强通信及数据处理网络；

● 提供低成本和定制市场产品的能力；
● 有能力提供以市场为导向的产品。

奥佩尔（Hooper）和斯蒂普尔（Steeple）绘制了敏捷制造的结构及敏捷制造与其他制造方法的相互关系，如敏捷企业框架所示的那样，敏捷制造被视为一个通用的表达，包括多种不同的系统、技术和信息的集成。敏捷制造的结构是一种以客户为中心的制造模式，与全面质量管理大致相似：虚拟企业和去中心化组织概念是它的组成要素。达夫为敏捷企业提供了一个模型结构（图2-8），该模型结构似乎不足以作为创业活动的框架，因为在新市场中寻找机会的方法并没有体现出来。但创业活动本身在敏捷模型中是有所体现的，例如图2-7所示的使能者系统。

对于一个组织来说，需要不断地了解运营环境来评估业务的潜在风

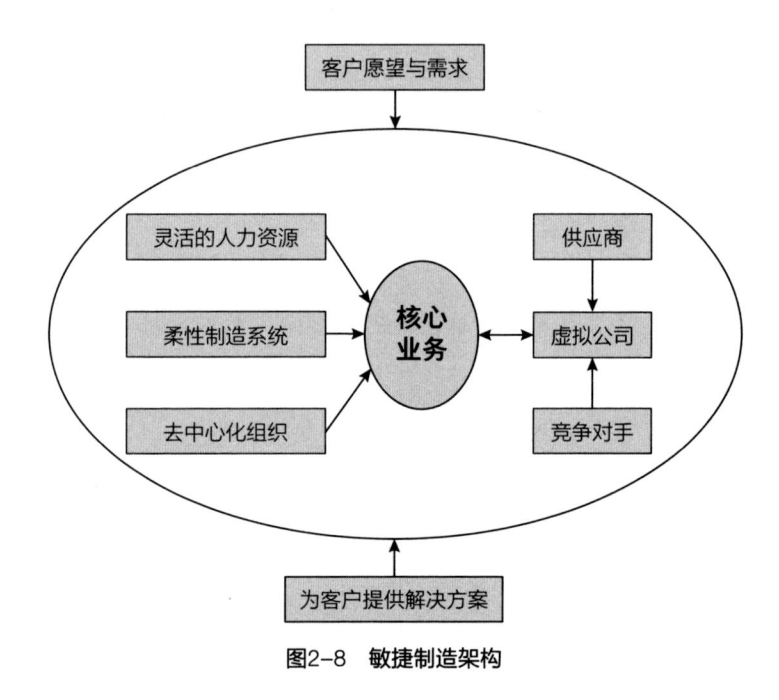

图2-8 敏捷制造架构

险，正如达夫所展示的敏捷业务框架一样（图2-8）。在此背景下，对环境进行彻底扫描的必要性被广泛讨论，组织需要通过这种扫描来识别市场机会。根据基德的观点，敏捷企业的基本资源是"知识"，并且就像美国敏捷论坛提出的敏捷主要维度一样，连接人与知识的正确方式是"通过知识和信息调动人力资源"。

> 敏捷提供了一种竞争优势，在利用基本资源（知识）的同时快速应对市场变化。有必要根据明确的市场机会将人们聚集在一起组成动态的团队，让彼此的知识发挥更大优势。通过这个过程，我们尝试将知识转化为新的商品和服务。
>
> ——基德

基德在其报告中提出，敏捷制造被认为集成了组织、高素质且知识渊博的人员和先进技术，实现合作和创新，从而为客户提供满足需求、高质量的定制产品。这一概念是其著作《敏捷制造：锻造新前沿》（*Agile Manufacturing: Forging New Frontiers*）的核心思想，图2-9展示

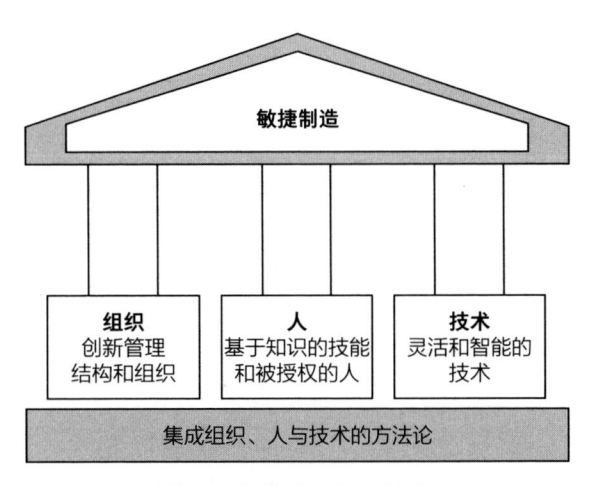

图2-9 敏捷制造企业的结构

了一种敏捷制造企业的结构。因此，每个组织都必须发展一种方法论，来集成组织、员工和技术，使这三个主要资源能够通过一个协调且相互依赖的体系彼此适应。图2-10展示了制造范式的发展。

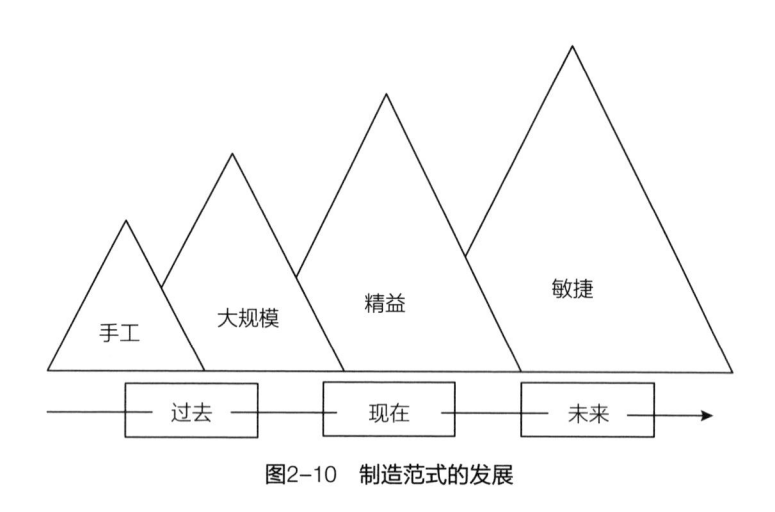

图2-10 制造范式的发展

一个新制造范式——被称为"敏捷"——作为制胜的概念被提出来，它能使公司保持竞争优势，迈入这个新时代。敏捷的概念包括两个因素：

➲ 对变化（计划内或意外的）做出适当和及时的反应；
➲ 把变化当作一个机会。

精益和敏捷之间有很多一致的地方，如在实际中使用最有效的工具和技术，来提升公司的绩效与效率，如图2-11所示。

最初，敏捷关注于范围经济而不是规模经济。精益制造通常与资源的有效

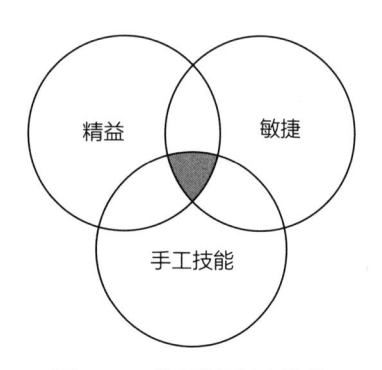

图2-11 共同的属性和技能

利用有关。这个概念表达了企业应在不断变化的环境中做出有效反应的同时保持产能。敏捷组织不仅能够实施变革，而且还能及时对可预见或不可预见的环境事件做出反应。

2.4.4　几种敏捷的持续交付方法

1．Scrum

20世纪80到90年代，是新商业产品开发高速发展和高度竞争的时代，速度和敏捷是必不可少的。企业越来越清晰地意识到，使用一系列旧的方法开发新产品会效率低下。相比之下，日本和美国的企业采用一种受橄榄球启发的全流程方法——球在队友的移动中被来回传递。

研究的焦点源于一场新产品开发竞赛，这场竞赛聚焦在更加灵活以及能够迭代更新的思维方法。21世纪初，互联网越来越广泛的使用，增加了快速投放市场的压力，这成了按一定节奏持续修正方向和敏捷增量开发的催化剂。

1995年，贝克（Beck）和博姆（Boehm）在得克萨斯州奥斯汀举行的OOPSLA程序员会议上首次展示了一种新的全流程方法Scrum。他们在软件开发的现状中倍感煎熬，尤其是瀑布式项目管理方法。当时，他们参与的项目及公司都走在失败的边缘，巨大的压力让他们觉得不得不转到一个新方向。

与此同时，经验过程的精益管理和控制，以及迭代和渐进的开发实践开始出现。受此影响，武内（Takeuchi）和巴巴通德（Babatunde）的著作描述了新产品开发成功的关键要素：自组织的项目团队，交叠的开发阶段，多元化学习和学习迁移。肯（Ken）和杰夫（Jeff）将橄榄球赛总结为"把Scrum（争球的全体前锋）移到前场"，因此将他们的方法命名为"Scrum"。

2001年，关于Scrum的第一本书出版了，书名为《Scrum敏捷软件开发》(*Agile Software Development with Scrum*)，随后2004年出版了《Scrum敏捷项目管理》(*Agile Project Management with Scrum*)，在书里更详细地描述了这些想法。2011年，作为Scrum的联合创作者，肯和杰夫撰写和出版了《Scrum指南》(*Scrum Guide*)。从那时起，这份16页的文件成为Scrum的官方指南。

2．敏捷宣言

2001年，17位世界领先的软件开发思想家创建了敏捷宣言。他们的愿景是建立一套简洁方便的价值观和原则，来对抗烦琐的软件开发过程，如级联开发（Cascade Development）和统一软件过程（Rational Unified Process）。主要目标之一是"以固定频率（两周至两个月）促使功能软件以最短的周期完成交付"，强调小批量、渐进式发布而非大型级联发布。其他原则强调了小而积极的团队在充满信心的管理框架中协作。敏捷被认为极大地提高了很多开发组织的效率。

3．DevOps

2009年在奥莱利速度会议（O'Reilly Velocity Conference）上，两名雅虎旗下图片分享网站（Flickr）的员工发表了著名的报告《每天10个+部署：Flickr开发与运维的合作》("10 + Deploys Per Day: Dev and Ops Cooperation at Flickr")。他们强调如何在开发和运维之间创建共同目标,并使用不断改进的集成实践进行集成部署,让集成部署成为每个人日常工作的一部分。同年,第一届"每日开发运维大会"(DevOpsDays)在比利时根特召开,并在那里创造了"开发运维"(DevOps)这个术语。基于持续构建、持续测试和持续集成的开发理念,杰斯·哈姆博(Jez Humble)和大卫·法利(David Farley)将这个概念扩展到持续交付,它定义了"部署管道"的作用——确保代码和基础设施始终处于可部署状态,并且所有存储在主干上的代码都可以安全部署到生产环境中(读取、报告和获取)。DevOps还扩展和发展了基础设施即代码的实践,这些运维的工作都是自动化的,并被视为应用程序代码。因此,现代开发实践可以应用到整个开发工作流。这进一步让包括持续集成、持续交付和持续部署在内的快速部署工作流成为可能。

4.丰田套路(Toyota Kata)

2009年,迈克·鲁斯(Mike Rosher)著了《丰田套路:转变我们对领导力与管理的认知》(*Toyota Kata: Managing People for Improvement, Adaptiveness and Superior Results*)一书,总结了他20年理解和编码丰田生产系统的经验。鲁斯得出结论,精益生产缺乏最重要的实践,他将其命名为改进套路(The Improvement Kata)。根据鲁斯的说法,每个组织都有工作惯例,这种改进套路需要为日常和习惯性的改进工作实践创建一个结构,因为它是日常实践改善的结果。建立长期目标、设定每周目标和改善日常工作的持续循环推动了丰田的进步。

2.5 本章总结

今天，变化比以往任何时候都要快。商业环境的巨变和不确定性已成为制造业失败的主要原因。觉察到需要变革，并开启超越传统行业（大规模生产和精益制造）的新商业时代。一种被称为"敏捷"的新制造范式，作为在这个时代保持竞争优势的战略被提出来。该制造范式表达了组织应对危机时期、意外变化、在现代环境威胁中生存下来，以及将变化作为机会的能力。

敏捷的概念产生于柔性制造和精益制造，并以敏捷系统开发的形式被软件组织采用，直到成为信息系统的关键功能。

工业4.0是一场不可避免的革命，涵盖了广泛的新兴技术，如信息物理系统、射频识别（RFID）技术、物联网（IoT）、云计算、大数据分析和先进的机器人技术。工业4.0范式正在改变许多行业的业务，如汽车、物流、航空航天、国防和能源领域。越来越多的学术研究聚焦于工业4.0技术和实施问题。工业4.0支持实时规划和控制，允许公司灵活、敏捷地应对快速变化的环境。例如，通过更快地对需求、供应和价格的变化做出反应，来减少计划周期和冻结周期。业务分析方法提供了预测未来事件和模式的能力（如客户行为、交付时间和制造产量）。实时交付路径和跟踪也使组织具有灵活性、效率和敏捷。

在第3章中，我们来讨论信息系统的开发及敏捷。

第3章

信息系统演进

本章分析了三个基于相互依赖阶段的信息系统开发的演变。在第一阶段，信息系统主要被认为是一门严格的技术学科。IT被用来自动化手工流程；每个应用程序都被视为一个独立的实体，其总体目标是利用IT来提高组织中的生产能力和效率。第二阶段，网络能力和个人计算机（非虚拟终端）的引入，为信息技术更新、更广泛的使用奠定了基础，同时为从技术到实际使用的过渡铺平了道路。在第二阶段，典型的应用程序旨在支持专业工作，同时许多系统变得高度集成。第三阶段带来的最重大的变化是互联网，它超越了传统的IT使用限制。从那时起，应用程序已经成为商业战略的一个组成部分，同时为联盟与合作创造了新的机会。互联网商业能够跨越组织和国界，仰赖于背后IT的转型。这些新的随时可用的应用程序旨在帮助终端用户开展日常活动。终端用户体验已经成为一个重要的设计因素。

3.1 导言

第一阶段信息系统主要被认为是一门严格的技术学科。为了自动化现有的手动流程，每个应用程序都被视为一个独立的实体，使用它们的目的是提高组织的生产力和效率。因此，IT专业人员主要致力于开发组织信息建模的新方法。因此，数据库管理是"杀手级应用"。此外，联网的可能性和个人电脑（而不是终端机）的出现为信息技术的更新、更广泛使用提供了基础，这促进了技术的使用和使用方式的转变。

第二阶段的概念性挑战是管理信息，而不仅仅是收集信息并将其存储在中央数据库中。这些服务的名称反映这些投入是用来支持管理工作而非办公室工作：大多数IT服务被命名为管理服务，并由IT系统经理负责协调。

然而，在这个阶段，大多数信息系统活动主要关注于数据管理，很少关注信息管理需求。

自20世纪80年代到90年代初以来，研究更专注于识别关键IT应用程序，这导致了通用系统类型支持的新应用程序，主要是数据处理系统和管理信息系统（MIS）。首席信息官意识到，可以有效地利用管理信息系统应用程序的高级信息内容来支持高层管理者的决策过程。因此，在第二阶段，一些新概念被发展出来，包括决策支持系统、专家系统、数据仓库、智能系统、知识管理系统和执行信息系统。

这些管理服务被重新命名为信息系统服务。其主要目标是使组织内的所有部门都能获得信息。信息系统的互连性、可伸缩性和可靠性等问题已经变得非常重要。企业资源规划（ERP）软件一经出现，在大型组织中的安装就呈指数级增长。

在第三阶段，最关键的变化是互联网的出现，它们克服了IT使用的传统限制。

从那时起，应用程序已经成为商业战略不可分割的组成部分，并创造了超越组织和国家边界的联盟与合作的新机会。

许多研究人员认为，互联网计算是一个重大的计算机革命，它在很多方面改变了以前的计算机概念，主要改变了计算机服务如何开发和编译。这个阶段标志性概念是"数字企业"。

互联网通过组织间的系统建立新的数字关系，充分利用电子商务与电子业务趋势、电子市场、新应用服务与客户关系管理（CRM），及其他服务的优势。互联网使新的商业模式出现，这些模式在企业的产品或已售的服务、业务流程或交付代理的数字化程度基础上支持组织运营。

与此同时，各组织已经意识到信息系统的战略重要性。虽然有些人最初认为IT是"无法避免的灾祸"，但IT已经成为维持业务的必要组成部分，大多数公司将它视为战略机会的重要来源，主动尝试并确定它能以何种方式帮助公司获得竞争优势。

战略信息系统已经发展到能够支持战略的制定和规划，特别是在不确定和高度竞争的环境中。

第三阶段标志着设备在小型化和处理能力提升方面的技术发展，这最终使它们能够依靠功能进行商业应用。

IT设备在物理空间中的表现使它能够针对更大、更多样化的用户群体提供新应用程序和服务。传统上，用户必须接受信息系统功能方面的培训。这种培训过程要么正式开展，要么通过反复试错加以补充。

对于实现"日常计算"的愿景来说，信息技术要做到不论任何人在计算方面的知识和经验处于任何水平都能够使用。无线传感器可以检测和处理个体的信息，并基于某些动态或预定义的事件而触发系统响应。用户与系统交互扩展到桌面概念之外。环境驱动技术（例如手势识别）鼓励用户与新信息系统进行更真实的交流。

图3-1说明了信息系统的演变。

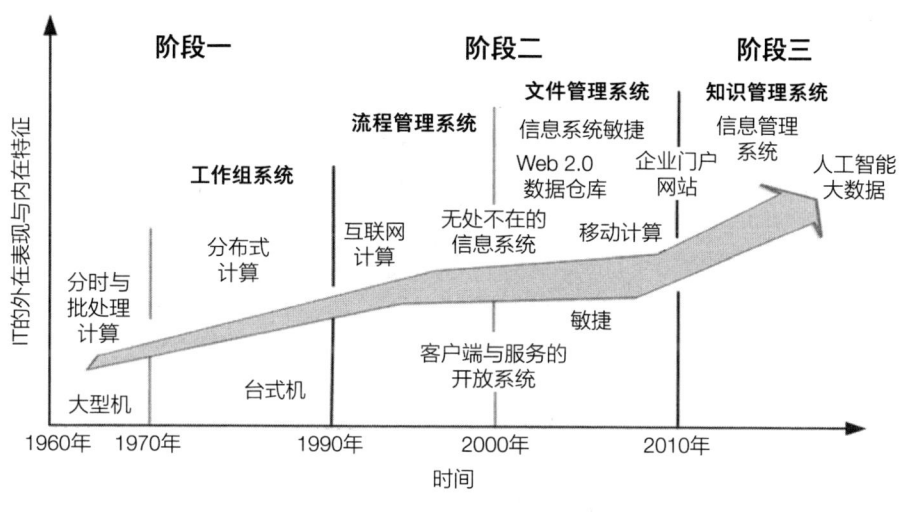

图3-1 信息系统的演变

3.2 信息系统的定义与目标

如今，组织比以往任何时候都更加对外开放，迫使管理者保持内外部因素与公司战略内涵之间保持一致。信息成为竞争和发展的神经中枢。收集、处理和传播信息的需求，加强公司内部和公司之间活动协同需求，这些都是竞争优势的新来源。图3-2展示了加列拉思（Galliers）的公司和环境的系统性视图。

信息系统必须通过运用新的信息技术，及适应新技术的知识管理系统（KMS）来满足这些需求，让外部知识对公司产生效益，促进内部知

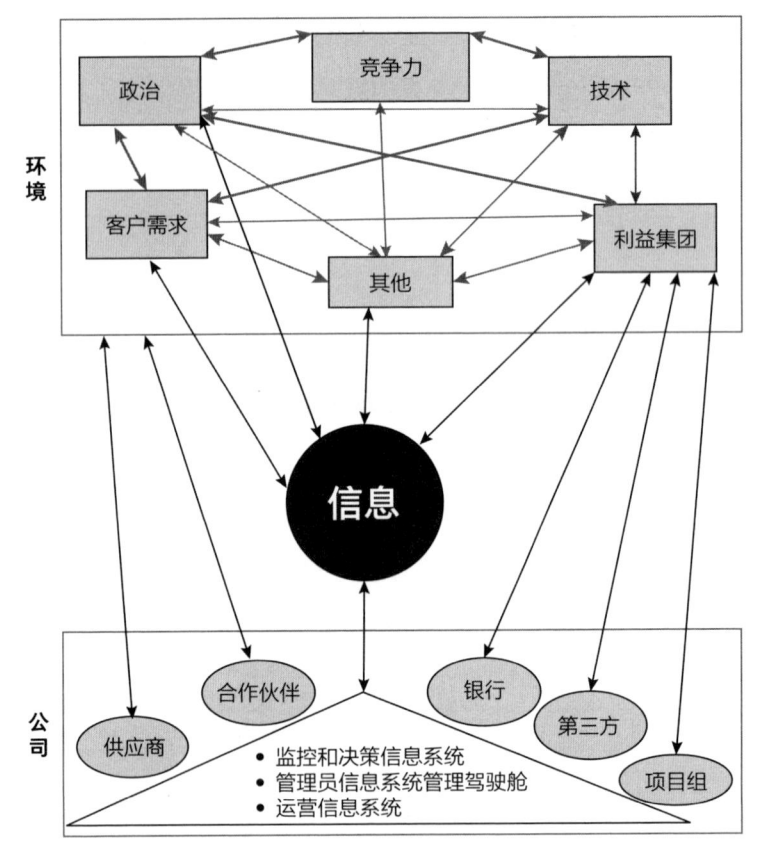

图3-2 公司与环境的系统性视图

识的分享与流动。基于信息与通信技术（ICT）的知识管理系统加速了信息流，消除了非增值任务，提高了过程可靠性和质量，支持隐性和显性知识，促进了组织内的知识共享，并让决策变得更加容易。然而，新信息技术并不总是能保证现代信息系统的效率，这需要新的关键成功因素。因此，信息系统将如何持续和一致地演进构成了公司面临的主要问题。另外的一些问题是，公司战略背景下信息系统的集成、互操作和敏捷，以及确保由不可预测的内外部变化引发的演进。

3.3 信息系统概念

任何人类组织，无论其规模、目的或手段如何，都有一个信息系统来支持其内部活动并与外部世界交流，如图3-3所示。今天，信息系统是任何组织运作的核心。组织通过其处理的数据反映组织的形象，组织的效率决定了组织的绩效。通过这种方式，信息系统与组织的概念相关联。

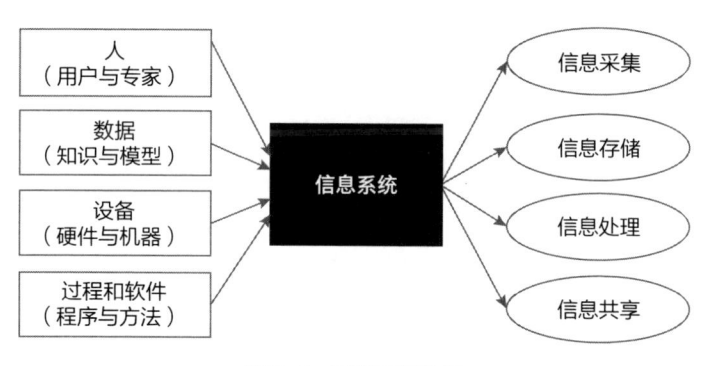

图3-3 信息系统结构

信息系统是公司的神经系统。因此，信息系统是组织运作的核心，也是组织战略的基本要素。另外，系统这个术语表明它是一组相互作用的元素，而不是其元素的简单组合。在这种情况下，企业信息系统构成了所有信息情况的交互中枢，是公司正常运作所需的全部信息交换的复杂相互作用系统。这是寻求竞争优势的核心，不仅改善公司的运营方式，也是服务用户和服务公司战略的工具，其中信息被认为是公司运营的重要原材料。在公司中，信息系统构成了一个动态和逻辑连接的网络，支持组织中不同元素之间的相互作用。

信息系统不是在各个位置之间传递数据的线路，而是一种连接人的有效方式。它利用集体知识，积极构建组织和管理结构，确保无论何时何地，只要有需要的时候就能够获得相关信息，同时确保公司的响应能力及公司与环境（市场、合作伙伴等）顺畅沟通。

信息系统的目标是让决策者获得信息，使他们能够在正确的时间决定适当的行动。

有各种各样与信息系统相关的定义，比如：信息系统至少为一种特定类型的人服务，他在一个有组织的环境中面临一个问题，他需要证据来得出解决方案，他需要一种可以提供证据的有效展示方法。这决定了一个管理信息系统的主要变量。

信息系统是一组有组织的资源。

- 人：用户和开发人员。
- 数据：知识和模型。
- 设备：计算机和支架。
- 软件和过程：数据处理程序，可以执行信息的获取、处理、存储和组织中以各种形式进行的通信的功能。

信息系统的系统化定义如下：

公司信息系统可以被视为公司的子系统，因此包含了所有信息类型交互组件。这个数据库的目的是给公司的各个层级的运作提供必要的信息。

组织被定义为三种类型系统的组合，如图3-4所示。

运营系统根据已定义的规则响应来自环境的日常事件。它负责将财务、人员、材料或信息类型等主要资源或"流"（输入变量）转换为成品或服务（输出变量）。

决策或控制系统允许在预先确定目标、评价标准和管理规则的同时

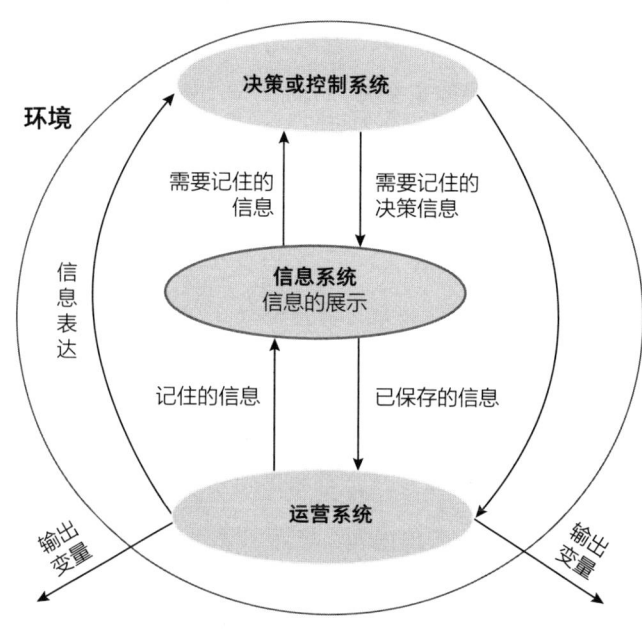

图3-4 信息系统的系统性视图

启动决策过程。它负责管理公司，并始终关注于公司的目标。

信息系统作为耦合器将前两个系统互连。它是负责收集、处理、储存和传播信息的一方。它可以将运营系统的活动和控制系统的表现交互。对于这个IT系统视图（图3-4），信息系统的分类主要基于两个目的：信息系统支持运营（事务处理、工业过程控制等）和管理信息系统支持管理（支持报告生成、决策支持等）。

3.4 企业应用程序的概念

企业信息系统可以包含多种计算机应用程序。企业应用程序是一组在它们之间连接的程序或软件，用于自动化或协助公司内部特定领域的信息处理任务。

应用程序的主要特点是：

- 它包含应用程序组件，代表应用程序子程序集（模块或软件）的一致性。
- 应用程序领域（使用环境）按结构定义（工作站、部门）或按功能定义（管理功能，如维护、订单）。
- 应用程序支持的一组任务的功能性。
- 数据处理是指应用程序使用的和产生的各种形式的信息。应用程序使用不同的人力资源、软件和硬件。

图3-5展示了对这些应用程序特性的总结[使用统一建模语言（UML）说明]。

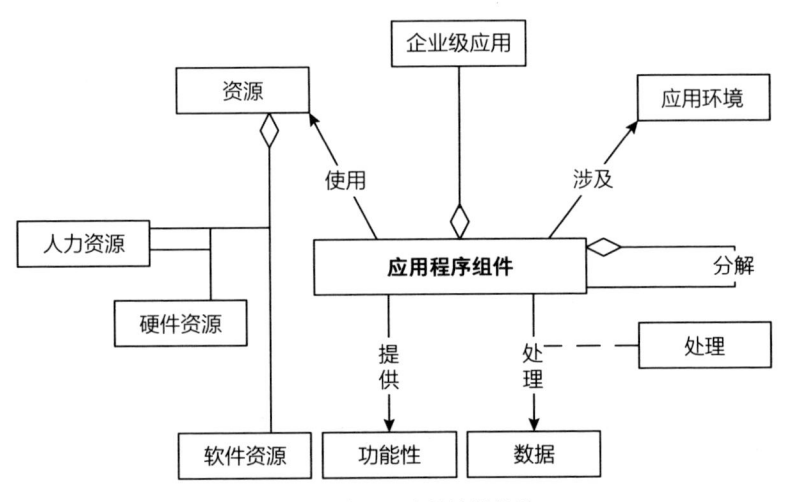

图3-5 应用程序特性的总结

3.5 企业应用程序特性

企业应用程序的关键特征是自主性、分布式、异质性。

这三个属性相互垂直，它们构成了应用程序的独立维度，如图3-6所示。这些特性中的每一个都可能产生特定的问题，从而使不同的应用程序协同工作。其目标是管理这些维度，以增加应用程序的容量。在这三个维度上，哈塞尔布林（Hasselbring）等研究人员增加了另一个维度，称为动态性，因为应用程序可以在不断变化的环境中不停地演进和发展。

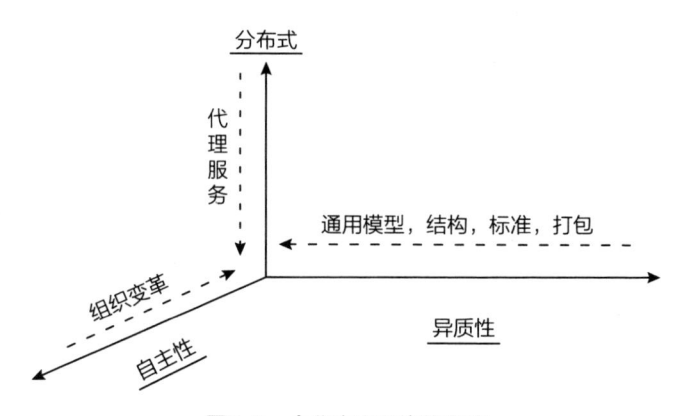

图3-6 企业应用程序的维度

3.5.1 自主性

当组织可以独立地设计和运营其应用程序时，这个组织的应用程序是自主的。哈塞尔布林通过定义自主概念的几个方面，提出了在数据库中自主概念的分类：

- **设计自主性**意味着应用程序的内在设计独立于其他应用程序（包括其数据模型、模型处理等）。
- **通信自主性**意味着一个应用程序可以在本地选择自己要与哪些应用程序通信。
- **运行时自主性**是指应用程序能自主管理与外部环境交互时的独立性。自主性的水平取决于为此目的而实施的组织变革的效果。

3.5.2 分布式

企业应用程序的第二个特性是分布式，这是指应用程序网络通常在企业中按照实际空间分布的事实。分布式通过分发和处理数据来实现，从而使信息系统中的特定数据处理可以在本地实现。

在最常用于赋能应用程序的技术中，分布式是基于中间件实现的，如公共对象请求代理体系结构（CORBA）、远程方法调用（Java/RMI）和消息中间件（MOM）。

3.5.3 异质性

异质性是企业应用程序中可以根据不同的方式方法进行独立开发和部署的先天特性。通过在不同的层级上出现异质性的不同原因，可以区分出四个主要的异质性层级：

- 技术异质性，对应于所使用的必要硬件和软件的差异。
- 硬件层面的异质性包括与所使用的计算机和网络相关的差异。

- 基础软件异质性（平台异质性）包括与操作系统、数据库管理系统、执行平台等相关的差异。
- 语法异质性指的是数据格式和应用接口的差异，以及可以通过语法转换来解析的函数签名。

语法异质性表明，概念的符号名称可以根据所应用的程序进行不同的解释。这些语义冲突主要发生在以下情况：

- 相同的符号名称覆盖了不同的概念。
- 不同符号名称覆盖了相同的概念。

语义问题在任何项目中都是一个现实问题。尽快（最好在项目的前几个阶段）识别和解决这些冲突非常重要。许多研究人员承认，应用程序的异质性是集成领域中真正的挑战。

3.5.4 动态性

动态性是企业应用程序的另一个特性。事实上，由于信息系统是开放的并处在频繁的变化之中，这些系统应用程序应该动态地演进，以响应公司的战略、商业或技术的变化。动态性这个维度通常表现为两种方面：

- **第一个方面**涉及应用程序可以根据其内部配置的自主表现行为体现动态性。
- **第二个方面**涉及应用程序的组件中可能发生的变更，例如修改特定组件、新组件的加入、删除过时的特定组件，以及暂时缺少某些组件和替换某些组件。

3.6 企业信息系统和公司战略

在尊重数据和信息的安全性、完整性、准确性和可追溯性的同时，信息系统必须是并始终是使公司能够执行战略并取得成功的要素。因此，要使信息系统成为实现公司战略的工具，它必须得到与战略对齐的主线业务的充分支持。在解释信息系统与公司战略间的关系之前，我们首先定义战略和对齐的概念。

- 什么是信息系统战略？

信息系统战略应明确目标信息系统及其优先级、步骤和实施所需的方法，如图3-7所示。

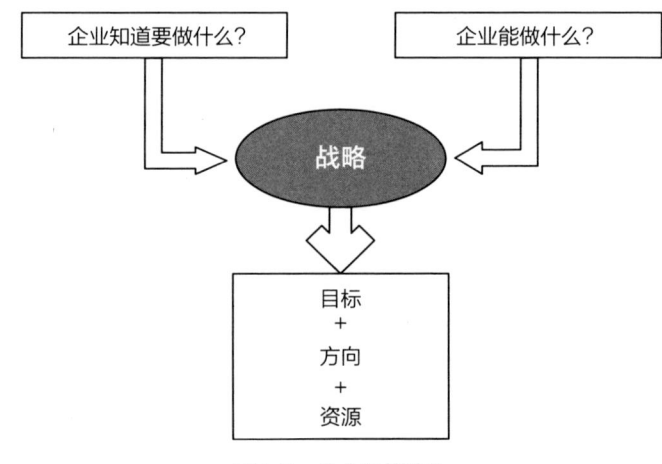

图3-7 什么是战略？

- **组织战略是什么？**

阐述公司的战略意味着选择公司计划参与的活动领域，并分配资源维持和发展这些领域。战略分为两个层次：决定公司业务领域的集团战略和在每个业务领域实施的竞争战略。

- **IT战略对齐是什么意思？**

"IT战略对齐"一词首先意味着IT符合公司的战略，并为公司员工提供实施战略所需的工具和手段。

IT对齐是一种管理实践，旨在更好地理解、创建和加强信息系统与公司目标、轨道、节奏和运营的集中和同步。此外，战略对齐是一种使信息系统战略与公司业务战略保持一致的方法。这种方法的目的是加强信息系统的使用价值，并使信息系统成为公司的优势。

战略对齐的根本挑战是使信息系统成为服务于公司战略的一项资产。信息系统通过战略对齐与业务需求保持一致并创造价值，获取竞争优势。战略对齐的概念并不是信息系统特有的：公司的所有业务和职能都必须与公司的战略对齐。

信息系统和战略之间的关系，可以通过信息系统引领战略结果的能力来描述。然而，要使信息系统奏效，战略必须明确。仅仅定义一个信息系统来说明你想做一些事是不够的：你必须说明你打算怎么做。值得注意的是，对信息系统的反思有助于战略表达的质量，信息系统是对战略本身的初步反馈。

我们已经定义、实施并让信息系统与战略（包括反馈）保持对齐。这个过程并没有到此结束，因为信息系统的实施经常会为公司打开和发展以前不存在的战略机会。这样看来，信息系统首先服务于当前的定位，随后修正了可能的范围，并为管理者打开了新的前景。信息系统已经成为一种新型资产，是公司可以在与其他资产赢利能力相同的条件下进行估值的信息资产。

信息系统通常被认为是一种简单的战略支持资源，但它也可以是一种战略武器，能够给成功利用它的组织提供可持续的竞争优势。

3.7 企业信息系统复杂性

在过去的70年里，信息技术迅速发展并革新了公司的工具（高级编程语言、数据库、集成软件包、互联网、大数据、人工智能等），但决策者仍然难以获得有助于决策的恰当信息，这依旧是一个挑战。

IT基础设施的快速发展导致了信息系统中"层"的建立，让信息系统变得复杂和僵化，因为"层"的引入让开发变得成本高、风险大。另外，灵活性、适应性、互操作性和敏捷对公司的生存及其重要，信息系统的复杂性却降低了信息系统的灵活性。这种复杂性使监控流程、建立合格团队变得复杂，这需要大量的外包，还增加了全面控制的难度。

3.8 复杂性因素

信息系统的复杂性是由异质性、自主性和发展三个因素造成的，这给信息系统工程方法的建模和定义带来了挑战。管理这些特性，可以增加不同企业信息系统的个体和整体能力。

异质性：与所使用模型的多样性和多元性有关，即不同视角下的多种模型，不同的抽象层次（概念的、具象的等），抽象类型（数据、交易等），使用类别（经理、用户等），领域（研究、生产、财务等）。

自主性：当系统断开连接并独立于其他系统时，它是自主的。自主性由这样一个事实驱动：信息系统从来都不是孤立的；它被嵌入到它的环境中，通过接口、技术设备、时间或事实事件等与其他系统和环境交互。这种环境限制了信息系统的自主性（时间、材料、人力、财务资源等限制）。

演进和动态性：演进和动态性构成了信息系统的"生命"。信息系统响应环境变化而升级（公司正在经历的战略、业务或技术变革）。

此外，信息系统的复杂性随着信息系统要素的异质性和演进而增加，同时其自主性会降低。

3.9 信息系统的演进

自1960年以来，计算机科学的发展见证了计算机程序概念的重大扩展。

渐渐地，信息系统的概念通过战略和组织维度的转型与计算机系统概念的扩展而发展起来。在20世纪80年代末和90年代初，首席信息官面临着不重建系统就无法开发系统的情况。这种情况导致了高度的复杂性、大量的延迟和高昂的成本。

在20世纪90年代，自主性的逻辑出现了。公司是由若干与客户或供应商交互的子系统组成——这些发展得益于大量的程序丰富了信息系统。然后，某些组织有了由一系列应用程序组成的信息系统。强加在信息系统上的演进的压力反而削弱了信息系统，这主要是由于缺乏耦合关系的基础设施。

21世纪初，由于外包和融合的出现，信息系统变得越来越复杂，这使企业信息系统演进（主要是通过组织间的集成）的管理和监控变得复杂，导致了敏捷概念出现。

此外，IT的重要性超出了公司的边界，需要重新定义与合作伙伴、供应商、客户、分包商等的关系网络，确保组织间的集成，这促进了组织间通过网络的交易。

信息技术影响着内部和外部协同结构的选择。特别是信息技术的使用减少了沟通的时间与成本，还有生产的成本。一般来说，信息技术的影响程度主要取决于价值链的结构和业务的特点：

- 扩大市场在外部化中的作用：共同数据库的存在促进了供应商搜寻和外包决策。
- 公司内部解决方案：公司内部的协调和协同，能够以具有竞争力的成本生产服务和产品。

信息技术促进内部和外部通信，因此促进了内部和外部协调，合作伙伴之间的物理距离不再成为障碍。

工业4.0的概念大约于2012年在德国出现，并由德国生产机械和设备制造商协会向公众展示。这是最广泛意义上的工业数字化。数字技术正在集成到产品设计和相关的生产手段中。

工业4.0集成了物理资产（机器、设备等），不仅优化了产品生产，还让它们持续保持连接，能实时适应客户需求的变化，及响应最终消费者需求的变化：批量生产定制的产品，满足他们的特定需求，提供更高水平的质量并产生新的服务。

我们很容易得出结论，有许多组件可以让制造企业从头到脚都实现数字化。

因此，机器人被用于制造活动，有时也用于其他地方。物联网也可以确保异质对象之间的通信。

公司还可能用ERP系统和CRM来管理客户关系。

仪表板的设置是为了让公司持续监控主要的关键绩效指标（KPI）。

我们还会讨论移动性。移动设备在公司的许多流程中都会被用到。

一些活动还需要使用云托管的服务。公司必须拥有多个本地服务器的日子已经一去不复返了。

新兴数字技术带来的灵活性使我们能够将客户重新置于信息系统的核心位置。这是一种回归手工生产的形式，得益于个性化服务以及自动化带来的低成本和高质量。整个行业及生态系统之间的关系被重新思考。得益于新工艺和材料及客户和供应商的密切关系，数字化工厂让新兴产品间的协同成为可能。数字技术还连接了研发和设计，运营商和支持服务。

公司信息系统因此受益于快速的、低成本的和公司各层级间更通畅的信息交换。特定产品的生产和定制要比大规模生产效率高得多。机器、产品和系统可以相互独立地配置、优化和控制。因此，中小企业可以更快速、更有效地利用流程和物料流动来摆脱小型工厂的限制。

3.10 企业信息系统的治理

治理，无论其在什么级别运行，包括管理控制、项目组合、数据管理、信息系统和技术控制目标（COBIT）、能力成熟度模型集成（CMMI）、信息技术基础架构库（ITIL）的IT服务管理等，都必须与信息系统逐步演进的发展轨迹相符合。信息系统的改造倾向于增加那些能提高敏捷的设备。考虑到业务和技术的发展，有必要更快速、更可靠地修改系统。

为了实现质量目标并确保企业信息系统的持续改进，公司必须根据一套基于良好的实践和标准，并结合敏捷实践的治理框架进行管理。

一个全面的企业信息系统项目集应该包括IT治理。IT治理是利益相关者用以确保IT投资能够创造业务价值，并有助于实现业务目标的主要手段。这种IT与业务的战略对齐既有挑战性又非常重要。更进一步说，IT治理规划的目的在于提高IT性能，并在满足监管合规要求的同时得到最佳业务价值。

虽然首席信息官通常负责IT治理的实施，但首席执行官和董事会也必须听取汇报和信息更新，履行IT治理职责，确保项目良好运行并实现业务利益。

在最近几十年里，董事会成员通常不参与监督IT治理。计算机科学是一门神秘而可怕的艺术，他们不想一头扎进去，被一个自作聪明的技术天才带着团团转。然而在今天，这是一个关键的、无法逃避的责任，并且已经建立了框架来管理IT工作。

有若干个IT治理框架可以指导IT治理项目的实施。尽管诸如COBIT、ITIL、IT投资价值（Val IT）和IT治理国际标准（ISO 38500）等框架和指导方针已经被广泛采用，但并没有全面的标准IT治理框架。最适合组织的框架组合取决于业务因素、企业文化、IT成熟度和人员能力。这些框架的实施级别也因组织而异。

IT治理是一个相对较新的术语，在20世纪90年代末首次被广泛使用。直到大约2009年，IT治理的定义主要关注于为技术基础设施和IT部门的有效内部管理创建正确的设置。IT部门被期望处理大量不同的问题，包括在短时间内迅速地技术变革。而董事会几乎不需要，或根本不需要理解技术问题，因为技术只是实施战略的工具。因此，IT治理最初主要关注于内部运营。然而，从2003年前后开始，越来越多的学者开始认为IT治理值得董事会关注。也许人们意识到了区分治理和管理的必要性，因为新技术本身正在为全球企业创造战略选择。其他技术则让公司治理和IT治理的整合更紧密，表明IT治理需要董事会参与，并需要成为整个企业或公司治理的一部分。

每个公司或组织的结构都是围绕使命来构建的，以实现自己设定的目标。组织的活动决定了其方向。组织聚集并协调了一套方法来实现目标，并将这些定义为一个系统：

也就是说，作为一组相互作用的元素，分组在一个有控制的结构中，确保通信系统能促进信息的流通，以满足需求并实现具体的目标。

一些研究人员试图通过结合各种现有的定义和方法，来开发一个更全面的IT治理框架。一般来说，框架除了描述给定区域内对象之间的关系外，还指定这些对象的结构。组织的框架效应在一个研究领域的早期阶段来描绘这个领域是特别有用的，它为知识的描述提供基础，揭示或突出了更具体的理论发展机会并验证领域内的问题。

在揭示了一些IT治理概念和挑战（包括缺乏全面的标准IT治理定义）之后，再来讨论实现IT治理预期收益的机制是很有用的。通常，IT治理可以通过结构、流程和关系机制的混合来展开。通过整合相关研究开发了一个概念模型（图3-8），该模型描述了IT治理核心元素。该模型被公认为非常成熟，它涵盖了IT治理的偶然性、多维性和动态性，并结合了驱动IT治理的重要元素（结构和流程）和四大目标（IT价值交付、战略对齐、绩效和风险管理）。

类似地，模型的每个维度（结构、流程和关系机制）由实现IT治理所需的机制组成，见表3-1。尽管该模型中存在几种机制，但决策实施会受到组织内的背景、偶发事件以及交互环境的影响。

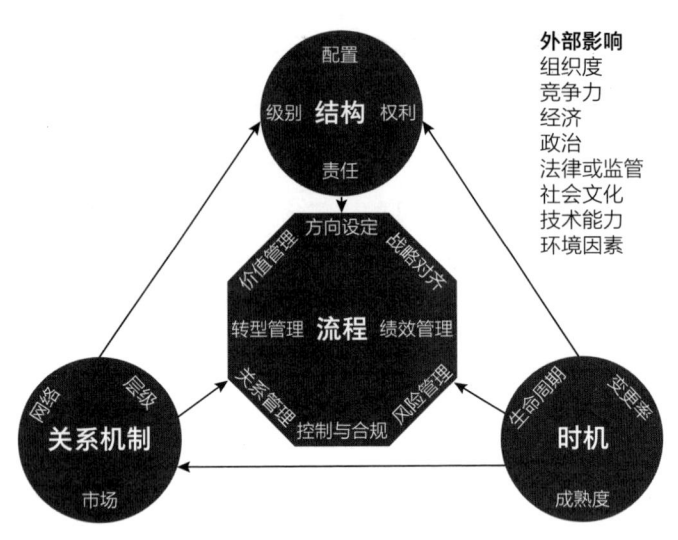

图3-8 扩展的IT治理模型

表3-1 IT治理模型的维度

维度	定义
结构	这个维度与组织的高阶治理战略中概述的规划和组织元素有关。包括四种主要的治理结构，即权利、责任、配置和级别
流程	流程是指用于IT治理的控制与评估的工具。在流程维度中有八个核心元素，如图3-8所示，组织应该制定有效的IT治理。流程是IT治理框架的基本元素
关系机制	关系机制是指确保成功实施IT治理所需的内部和外部关系管理。本文提出了三种关系机制：网络、层级和市场
时机	时机维度是指与IT治理实施有关的时间方面，即成熟度、生命周期和变更率
外部影响	不同的外部影响决定了组织所使用的实现IT治理时应该加以考虑的组合机制。外部影响包括组织度、竞争力、技术能力，以及经济、政治、法律或监管、社会文化和环境因素

近年来，许多组织都着手实施基于单个IT治理框架或框架组合的IT治理机制的流程。一般来说，框架可以分为几组，即：面向业务的框架，如美国反欺诈财务报告全国委员会（Treadway）下属的发起人委员会（COSO），以技术为中心的框架（如ITIL），以及旨在对齐业务和技

术目标的框架（如COBIT）。重点在于，IT治理框架使执行者和实践者能够使用标准和统一的方法来制定决策、指导以及评估和监控与治理相关的活动。采用适当的IT治理框架有助于高管更好地理解他们在IT治理中扮演的关键角色。例如：高管的承诺、战略目标和资源配置会影响特定框架的采用和选择。从评估的角度来看，许多组织使用框架或集成多个治理框架来提高他们对特定法规要求的合规性（如萨班斯法案，SOX），同时也加强内部环境控制。

IT治理领域中的一些通用框架包括COSO、ITIL、ISO 38500和COBIT。ISO标准涉及公司的IT治理，也涉及治理过程和决策。ITIL是一个主要关注于IT服务管理的框架，它使IT部门能够在严格的控制下，执行强大的、系统性的运营模式。COBIT作为IT治理的标准和通用框架被普遍接受，与COSO相比，它提供了更多关于IT控制的指导。

尽管IT治理框架已经非常有效，但IT治理框架不能被当作是现成的、不需要修改的解决方案。由于组织结构、业务目标和公司规模等因素，如果没有任何定制，IT治理框架无法直接实施。IT治理模型和框架的迫切需求非常突出，这些框架可以从通用框架扩展转换为相关性更高、更适用于企业和组织的框架。COBIT框架指出：框架、最佳实践和标准只有在被有效采用、调整时才有用。因此，人们应当关注一小部分真正将IT治理框架和结构理论付诸实践的学术研究和指导。

没有一个真正完全涵盖IT治理的框架。从标准来看，信息系统涉及非常多不同的方面：生产服务与管理（如ITIL），项目开发与组织［如软件能力成熟度模型集成（CMMI）和类似ITIL的知识体系指南］以及项目管理（如PMBOK）。

在美国的项目管理知识体系（PMBOK）、技术与流程管理（信息控制目标和相关技术——COBIT和ISO38500）和信息安全管理体系（信息安全管理体系原理和术语，ISO27000）中，每一种标准都倾向于扩大自己的适用范围，因此会相互重叠或重复。应用的关键是集成和调整，通过选择构建一个有效的方法实施标准的部分内容，而不要以实施标准的所有内容为目标。通过四个问题确定治理目标：如何做出决策？是否与信息系统相关？如何提升和获得这些决策的接受度？如何确保这些决策将被适当地实施？因此，治理的实施必须提升易于理解的绩效指标，管理层可以用它们来评估IT服务是否正常运行，以响应战略业务需求。下文介绍了最常用的IT治理标准。

3.10.1 COBIT

信息系统审计和控制协会（ISACA）和工厂治理研究所（ITGI）在1992年创立了COBIT。COBIT的第一版于1996年出版，第五版于2012年4月出版。该框架已经成长为（并且仍然是）IT治理最重要的全球框架之一。构建COBIT最初是作为IT审计指南，因为该框架包含了一组全面的指导方针，用来改进审计和合规性。该框架不仅提供了关于治理实践的详细指导，还为审计人员提供了关于制订IT控制的各个方面评估办法的清单。这些特点使COBIT成为指导如何建立IT控制的完美框架，促进IT流程的表现更加优秀，并让高管能够借此弥合控制需求、技术问题和业务风险之间的矛盾和分歧。此外，COBIT在增加合规性、降低公司风险和适当的减轻责任方面具有重要的业务价值，并且被证明是建立过程成熟度基线的有用工具。此外，由于它作为一个IT治理框架被大量采用，COBIT正在逐渐成为普遍适用的框架。

从IT治理的角度来看，COBIT的主要目标是通过确保实现利益、降低风险和优化资源来实现价值创造。它还正式宣布为利益相关者提供IT治理模型以改进与IT相关的风险管理，并利用自顶向下的结构来确保对详细流程的系统性管理以实现恰当的IT治理。COBIT框架被认为是一个通用的、全面的、独立的、庞大的知识体系，旨在衡量各种规模的组织中IT流程的成熟度，无论是商业、非营利组织还是公共部门。

COBIT框架已经稳步获得了世界范围内的认可，它是实施和审计IT治理以及评估IT能力的最有效、最可靠的工具。它被认为是努力遵守萨班斯法案等法规的组织采用的主要标准。它还被认为是已经在全球采用的可信赖的标准，因为它提供了广泛的预定义流程集，可以不断修订和定制以支持不同的组织目标。无论是私营或公共行业、政府，或会计和审计事务所，COBIT都被视为包含完整IT投资生命周期的详尽框架，它还提供了IT度量指标来衡量目标的达成。

COBIT还被定义为平衡组织IT目标、业务目标和风险的最佳框架。这将通过使用平衡计分卡（BSC）来实现——财务、客户、内部运营、学习和成长——引入目标级联机制，将干系人的需求转换为具体的企业目标、IT相关的目标和使能者目标（COBIT流程），并将其连接起来。以17个企业目标为一组机制的流程已经被开发出来，并映射到17个与IT相关的目标，还依次映射到COBIT流程。除了提供一组IT治理流程，COBIT还通过使用详细的谁负责、谁审批、咨询谁和通知谁（RACI）的矩阵建立明确的角色和职责，促使这些流程恰当实施和有效管理。

COBIT的第5个版本（COBIT 5）是建立在5个基本原则之上的：满足利益相关者的需要，端到端覆盖企业，运用单一整合式框架，采用一个整体全面的方法，以及区分治理与管理。更进一步，COBIT 5过程参考模型（PRM）将IT分为5个领域：

- 评估、指导和监控（EDM）；
- 调整、计划和组织（APO）；
- 构建、购置和实施（BAI）；

- 交付、服务和支持（DSS）；
- 监控、评价和评估（MEA）。

COBIT 5的领域被分解为37个高阶的IT流程，以及超过300个详细的IT控制点，涵盖了IT管理和治理的各个方面。COBIT的另一个显著特征在于它能够识别7个动力范畴（或因素）：

- 原则、政策和框架；
- 流程；
- 组织结构；
- 文化、道德和行为；
- 信息；
- 服务、基础设施和应用程序；
- 人员、技能和能力。

因此，COBIT被认为是促使业务和IT目标之间对齐最合适的框架。

COBIT 5通过建立一个由不同模型，例如Val IT和IT风险框架（Risk IT）组成的集成框架，转变为一个更加面向业务的框架。这种合并主要是由于公认的需求，是为如何做出选择提供一个全面的基础（不仅是为用户和审计人员，还要为高级经理和业务流程所有者），以涵盖业务性和功能性IT责任的各个方面，带来有效的IT治理和管理结果。此外，COBIT 5已经与软件过程评估的国际标准（ISO/IEC 15504）的过程能力模型（PCM）保持一致。从IT治理评估的角度来看，这种从软件能力成熟度模型（CMM）或最近的CMMI（由软件工程研究所，SEI，开发并完善）到新PCM的转变，彻底革新了COBIT，赋予它能在流程级而非企业级评估能力成熟度的前沿优势。这种新方法更加具有一致性和可重复性，是可验证的，可以根据评估过程中收集的客观证据表明其可追溯性。PCM已被欧洲的金融机构广泛用于开展内部控制审计以评估改进的必要性。它增加了组织从实施COBIT中期望获取的优势，因为COBIT框架和PCM之间的合作伙伴关系，PCM提供了一个度量表，来定量评估IT治理流程的合理存在性、充分性、有效性和兼容性。

COBIT 2019于2018年11月发布。它包含多个全新的、改善的和更新的元素。

务实的信息和技术治理，对于任何组织获得业务成功都非常重要。这个新版本进一步巩固了COBIT持续作为业务创新和转型基本驱动力的作用。

COBIT 2019是国际信息系统审计协会（ISACA）之前的治理框架的演进。它建立在COBIT 5的基础上，结合了影响商业信息和技术的最新发展。

COBIT 2019提供了更大的灵活性和开放性，提高了COBIT的时效性。以下是COBIT 2019带来的重大变化。

- 引入新的概念，如焦点领域和设计因素，允许公司提出良好实践，采用治理系统以满足其需要。
- 更新并完善标准、框架和最佳实践的一致性，提高了COBIT的相关性。
- 开源模式将允许全球治理社区通过提供反馈、共享应用程序，实时提出对框架和衍生工具的改进，为未来版本更新做出贡献。通过这种方式，新COBIT开发可以周期性地发布。
- 新指导方针和工具支持最优治理系统的开发。这使得COBIT 2019更具规范性。
- COBIT 2019参考模型现在有40个治理管理目标（流程），而不是COBIT 5中的37个流程。

- 动力指引：已删除，简化了COBIT。
- 治理系统和治理框架的COBIT原则已经重新命名和更改。
- IT相关的目标已更名为一致性目标。
- 流程指南目前在"治理/管理目标"中构建，而流程指南（仅仅）是其中的一部分，其他治理组件补充了剩余的部分。

COBIT 2019引入了三个新的治理和管理目标：

- APO14——妥当管理的数据；
- BAI11——妥当管理的项目；
- MEA04——妥当管理的认证。

COBIT 2019现在明确集成了DevOps。DevOps例证了组件变体和焦点领域。这是当前市场上的一个话题，非常需要具体的指导。

DevOps包括核心COBIT模型的若干通用治理和管理目标，以及许多与开发、运营和监控相关的流程变体和组织结构。DevOps还需要建立一种开放的特定文化和态度，分享技能，并带领团队走出舒适区。类似地，DevOps需要一定程度的自动化（服务、基础设施和应用程序）。DevOps是一个让人感兴趣的领域，是优先级排第一并且正在发展的领域。

焦点领域可能包含通用治理组件和变体的组合。

目前优先考虑和正在出版中的四个领域是：

- 中小型企业；
- 网络安全；
- 风险；
- DevOps。

人们感兴趣的领域数量是无限的，这就是COBIT开放的原因。应专家和从业人员的要求或投入，将增加感兴趣的新领域。

3.10.2 ITIL

ITIL是一个最佳实践框架，以基于流程的方法为基础。它的目标是改进IT服务交付：以低成本交付高质量的IT服务。在它创立之前，各机构和私营部门承包商都独立地创建自己的IT管理实践，进行着重复工作。ITIL独立于执行服务的工具、供应商或行业，可以应用于任何规模的组织。但是，ITIL并不会被原样应用，组织有动机对ITIL进行调整来满足自己的业务需求。

ITIL认为，服务管理是一组专门的组织能力，以服务的形式为客户提供价值。将资源转化为有价值的服务是服务管理的核心。如果没有这些能力，服务组织仅仅是一堆资源，其本身对客户的内在价值相对较低。然而，ITIL认为服务管理不仅仅是一组能力。它也是一种由广泛的知识体系、经验和技能支持的专业实践。

ITIL还定义了职能和流程之间的区别。职能是从事特定类型工作并负责特定结果的专门组织。这些组织是自成一体的，具有执行工作和取得成果所需的一切必要能力和资源。例如，当服务中断时，客服是客户的主要联络点。而流程可以被假定为闭环系统，对于向特定目标提供的服务进行变革和转型，并使用反馈进行自我强化和自我纠正。流程是可测量的，有特定的结果交付给客户，并响应特定的事件。例如，事件管理是一套流程，负责监视整个IT基础设施中发生的所有事件。

在版本2（ITIL v2）之前，ITIL的重点是流程，但从版本3（ITIL v3）

开始，重点转向了业务价值。[1]这一变化的发生是为了强化组织的业务需求和可操作的IT流程之间的关系。版本3还认可了其他标准的价值和适用性，如COBIT和CMMI。ITIL v3结构由两个组件组成：ITIL核心，它提供适用于各种规模和类型的组织的最佳实践；以及ITIL补充指南，该指南包括一套补充出版物，其中包含针对行业部门、运营模型和技术架构的指南。

在以前的ITIL版本中，对变更管理咨询委员会（CABs）的关注导致了人们误认为ITIL不敏捷或阻碍快速部署。然而，ITIL从未被设计为IT部门评估或调整所有变更。

为了加强这一点，并帮助组织开发灵活的服务管理策略，ITIL 4现在将敏捷和DevOps实践合并到框架中。ITIL 4鼓励组织内部的协作和沟通，并指导如何快速实施变更。

3.10.3　ITIL 4的结构

ITIL 4包括以下部分。

1．关键概念：价值、共创与成果

ITIL引入了一些对更好地理解框架非常重要的关键概念。这些概念包括服务提供者、干系人和风险等标准术语。不过，新的概念还在涌现。

ITIL 4不像版本3那样关注服务交付，而是关注价值创造。服务提

---

[1] 提起ITIL，如果是第2版和第3版一定要加小写字母v，即ITIL v2和ITIL v3；但是第4版一定不能加小写字母v，即ITIL 4，因为中间版权发生过变化，为了特意区分，版权方改的名字。——译者注

供者不能单独提供这个价值。相反，它是一种共创，是与客户合作的结果。这个版本并不旨在尊重过程，而是追求目标：成果和改进客户体验是主要目标之一。

2．服务管理的4个维度

ITIL版本3主要关注如何安排好26个IT流程，新版本ITIL 4则更进一步，还包括为每个服务的设计或交付考虑服务管理的4个维度：

- 组织和个人；
- 信息技术；
- 合作伙伴和供应商；
- 价值流和流程。

3．服务价值体系和服务价值链

在价值导向的视角下，我们将不再谈论"流程模型"，而是讨论"价值体系"或"价值链"。

价值链（ITIL服务价值链，SVC）是为产生价值所能做的所有活动的概述。这些活动是计划、改进、参与、设计和转换、获取和构建、交付和支持。没有必要为每个服务执行所有这些活动，也没有固定的顺序。修复故障和替换服务器设备涉及不同的活动。

这个价值链（SVC）是一个更广泛的价值体系（服务价值体系，SVS）的一部分。ITIL服务价值体系描述了影响价值链的所有因素。这些被称为指导原则、治理和组织执行的改进。

4．指导原则（管理实践）

在ITIL从业者中提出的指导原则在版本4中发挥了重要作用。9项从业者原则已修订为7项原则。

- 专注于价值：组织所做的一切都必须以某种方式为客户或其他利益相关者提供价值。

- 从你的位置和所能做的事情开始：当一个组织想要改进什么的时候，不应该消除所有现行的方法，而应该保留那些好的，改变那些不好的。

- 有反馈的迭代进步：即使是大型项目，组织也应该在小步骤中实施改进流程。立即评估每一步，并在必要时重新开始。

- 协作并提升可视化：组织必须与其他方面紧密合作（如客户和供应商）提高可视化。

- 全盘思考和工作：不要把IT组织看作一个孤岛，而是看作网络的一部分，把所有部分综合起来能为客户创造更大的价值。

- 保持简单实用：组织必须确保其工作和过程尽可能简单，并删除任何不能提供价值的步骤。

- 优化和自动化：只要有可能就优化或自动化任务，除非需要更高的成本或带来更差的客户体验。

- 基础的ITIL服务管理流程仍然存在，只是现在被称为"实践案例"。

- 版本3中的基础流程（如事件管理、服务水平管理和容量管理），基本上保持不变。但是ITIL v3的26个流程被ITIL 4的34个实践案例所取代。

为什么是实践？因为ITIL 4不仅描述了一个流程是如何工作的，而且（例如，对于每个案例）还更详细地研究了团队需要的技能，他们如何与供应商合作，以及可以用来做这件事的技术。

ITIL与敏捷、精益和DevOps的关系是什么？ITIL本身变得更加敏捷，主要体现在7项指导原则上：强调价值产生、小步骤中的改进、过程简单的重要性等，这些原则让我们对敏捷思维有一个清晰的认识。这些敏捷的ITIL指导方针还促进了各敏捷团队之间的协作。为了证明第4版适用于敏捷理念，ITIL版权所有方Axelos公司最近发布了音乐软件Spotify的一个案例研究，该公司被认为是最敏捷的公司之一，我在这里就不展开讲解了。

然而，ITIL 4并没有提供敏捷、精益和DevOps方面的完整答案。不可否认的是，ITIL提到了敏捷和DevOps。关于将ITIL与更敏捷的方法相结合的可能性，目前还没有具体的解决方案。例如：一个必须遵守严格服务水平协议的帮助台应该如何敏捷地与后台团队协作？IT运维和DevOps如何最好的协同工作？

3.10.4 CMMI

CMMI是一个用于评估组织系统、产品和软件开发成熟度等级的模型。它的目标是控制工程流程，从而控制这些流程产生的产品和服务的质量。这为软件开发的最佳实践提供了参考。

CMMI是能力成熟度模型集成（Capability Maturity Model Integration）的缩写，由软件工程研究所（Software Engineering Institute，SEI）在20世纪80年代提出。

在美国国防部的要求下，SEI开发了一套标准，以确定一个项目是否会按时间要求、预算要求和规格要求完成。

在2001年，SEI建立了一个能力成熟度模型的新版本，组合了其他模型的所有优点，填补了能力成熟度模型中的特定空白，即CMMI。CMMI的最新版本（2.0版）于2018年发布。这让该模型可以应用于所有行业的硬件、软件和服务的开发。

CMMI提出了一套旨在保证项目质量的目标集。它还附带了一个有望实现这些目标的良好实践库。CMMI为定义组织的关键过程提供了一个框架，包括项目管理（计划、资源管理、风险管理等）、工程过程（需求管理、技术解决方案、产品集成等）和支持过程（配置管理、质量保证、度量、分析等）。它是一个帮助定义和改进过程的工具。

当公司发现重复出现的问题，如交付延迟、预算超支、客户不满意和缺乏管理可视化时，就需要在组织中实施CMMI模型。

因此，CMMI旨在：

- 提高所交付产品的质量和项目的生产率；
- 通过更好地满足客户的要求来提高客户满意度；
- 降低成本，按时完成任务；
- 提供更好的管理可视化、更好的风险管理。

基于模型推荐的良好管理实践分为25个关键过程（过程域），它们本身分为5个成熟度和能力等级：

1级：初始级。每个组织默认为第1级。在组织内没有定义项目管理，效果取决于个人的技能和积极性，没有进行任何控制。项目可能会成功，但会超出成本和时间限制。没有识别成功的因素，项目也没有建立在经验的基础上。

2级：已管理级。项目管理是在组织级别定义的，默认情况下应用于所有项目。所有项目都通过组织提出的过程或者默认通过在项目级定义的过程，满足CMMI第2级模型的目标。由于更好的纪律，这个项目建立在以前的经验基础之上。成功可以再现。

3级：已定义级。项目管理过程通过标准、步骤、工具和方法扩展到整个组织，这些标准、步骤、工具和方法也是在组织级别定义的。整个组织都应用一系列一致的行为准则。组织监督和管理这些过程的改进。

4级：量化管理级。项目的成功是可量化的，可以分析产生偏差的原因。过程绩效在数量和质量上是可预测的。

5级：优化级。它是针对渐进和创新的持续过程改进阶段。由于发展是永恒的，为了与目标保持一致，过程会不断受到挑战。

CMMI的最新版本是用非技术语言编写的，这使得它的实施更加友好和容易。组织可以在线研究CMMI，并根据绩效改进和管理优化的具体目标对其进行配置。像需求管理解决方案Visure Requirements这样的软件工具通过监控和跟踪需求，使业务流程的应用标准化和协调，从而提高成熟度。

3.10.5　COSO框架

美国国会召集COSO是为了应对20世纪80年代末发生的广为人知的金融违规行为。COSO制定了内部控制框架，目的在于帮助组织减少资产损失风险，确保财务报表的可靠性和法律法规的合规性，同时提高效率。COSO被许多公共部门和专业机构认可为评估内部控制和风险环境的标准。在COSO框架下，内部控制系统的有效性是通过其向管理层和董事会提供合理保证实现以下三类目标的能力来衡量的：

- 经营的效果和效率；
- 财务报告的可靠性；

○ 符合相关法律法规。

COSO框架中对行为的强调是对现实的认识，即政策明确了管理层希望发生什么，实际上发生了什么，以及哪些规则需要被遵守、修改或忽略，这些都是由企业文化决定的。COSO"内部控制模型"由五个相互关联的部件组成，这五个组件是组织管理运行的固有方式。这些组件被链接起来，并作为确定系统是否处于活动状态的标准。COSO的组成部分包括控制环境、评估风险、控制活动、监控与学习以及信息与沟通。COSO是企业风险管理框架和经营风险方法的关键组成部分。

COSO讨论的另一个关键主题是企业风险管理。COSO将企业风险管理（ERM）框架划分为八个相互关联的组件，如图3-9所示，包括以下内容：

○ 内部环境——内部环境描述了一个组织的工作环境和风险偏好，并设置了管理人员和员工如何看待和处理风险的框架。内部环境包括风

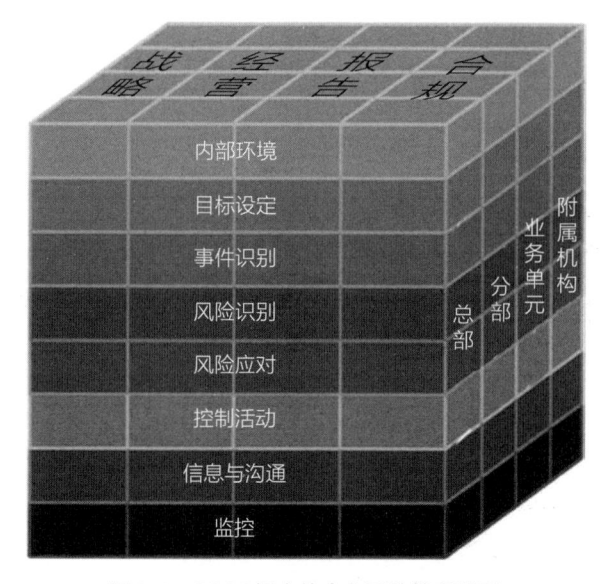

图3-9 COSO提出的企业风险管理模型

险管理理念、风险偏好、诚信、道德价值观，以及他们运作的环境。

- 目标设定——目标必须预先设定。风险管理职能应确保公司管理层有一个设定目标的过程，所选择的目标集应支持并符合实体组织的使命，并且目标集与实体组织的风险偏好相一致。
- 事件识别——必须识别影响实体组织目标实现的内部和外部事件，区分风险和机会。机会被传递回管理层的战略或目标设定过程。
- 风险识别——分析风险，考虑发生的可能性和影响，作为决定应该如何管理这些风险的基础。风险评估是在内在的和持续的基础上进行的。
- 风险应对——管理层选择风险应对措施时，应考虑避免、接受、减缓或分担风险以制定一系列行动，使风险与实体组织的风险承受能力和风险偏好保持一致。
- 控制活动——应制定和实施政策和程序，以帮助确保有效地实施风险应对措施。
- 信息与沟通——相关信息以某种形式和时间框架被识别、捕获和沟通，让人们能够执行其职责。有效的沟通也发生在更广泛的意义上，即在实体组织内外部保持高效流通。
- 监控——必须对整个企业风险管理进行监控，并根据需要进行修改。

3.11 城市化

实际上，由于当前的信息系统是开放的，并且经常由于公司的战略、业务或技术变化而频繁变更，因此，这些系统的应用程序必须能够动态地演进以应对这些变化。

3.11.1 城市的隐喻

城市规划通常是基于地理位置等固定变量的。城市被划分成区域和街道。然后制定规划并应用于每个区域。这些划分必须随着时间的推移保持相对稳定，因此城市管理者将认为这些划分是不变的。同样，信息系统的城市化也是基于这样一个假设，即稳定的功能块是可以确定的，至少在很长一段时间内是可以确定的。

城市化挑战有：

- 节约成本：消除冗余、在不中断关键业务流程的情况下降低成本。
- 提供更多价值：如何引进新技术，为业务带来更多价值。
- 灵活性：能够设计促进业务流程演进的架构。
- 经济又高效的生产：新技术能否在不重建现有信息系统的情况下以更低的成本实施生产。
- 互操作性：如何集成现有的应用程序和数据块，并使它们可互操作。
- 开放：如何构建与生态系统（Internet，Web等）交互的应用程序基础。
- 保证服务质量：管理和控制所提供的服务质量的方法。

因此，城市化提供了一个能更好地适应并服务于公司战略，且更好预测环境变化的信息系统。企业信息系统管理者要满足技术解决方案的需求，他们面临若干挑战——成本、预算、常常无人知晓的应用程序，这些导致整合新项目和演进信息系统困难重重。这些问题常常导致了重大失败。组织首先需要可靠和开放的信息系统，同时保持高度的安全性。公司的总体规划（旨在指导公司IT发展的战略规划）通过将其战略转化为与信息系统相关的行动，基本上满足了这些期望。

除了这两种必要的品质外，敏捷现在被定义为面对经济波动必不可少的工具。

因此，IT敏捷成为任何IT部门的首要目标，并且必须是任何公司在其能力范围内满足客户需求、竞争和快速技术变化所必须具备的品质。由于公司的发展规划蓝图没有解决这个问题，因此IT敏捷取代了企业信息系统城市化的概念。

为了使信息系统与公司的战略保持一致，需要有足够的灵活性。然而，公司很难应对环境中日益增长的随机变化。当公司面对随机和意料之外的变化时，公司信息系统的城市化项目可以成为适应变化必不可少的指南针。城市化进程的目的在于简化企业信息系统的愿景，促使企业信息系统成为价值创造的因素和创新的来源，确保企业信息系统演变和保持竞争力。

公司的城市化进程将使公司拥有一个高绩效、高效率和令人满意的环境，组织将变得敏捷。换句话说，能够对外部和内部的约束做出反应。一个城市化的公司有一个特殊的反应能力和结构，可以迅速动员起来。

在"过程、组织、信息、资源和环境"（Process, Organization, Information, Resource, and Environment, POIRE）方法的框架内，此阶段的目的是改善敏捷和企业信息系统的特性：一致性、灵活性、敏捷性、主动性、互操作性、适应性、可伸缩性、稳定性和效率。

这将有助于管理不可预测的变化，同时有利于企业基础信息系统在运行中保持良好的一致性，使公司治理与新的财务要求和全球法律保持一致。

信息系统有几个维度，可以根据公司的类型进行分析，以及反映它们所服务的人类组织的复杂性。

城市化是必要的，有两个原因：管理和维护资产（除非过了有效期）；拥有一个敏捷的信息系统，能快速和有效地演进，满足不断变化的需求。

在这个目标中，我们首先定义目标信息系统应该是什么，它将更好地服务于公司的战略并满足业务流程，即一个对齐的信息系统。然后，建立构建规则，避免继承旧信息系统的故障和没有按计划变更，换句话说，构建一个敏捷的信息系统。最后，确定当前信息系统达成目标的路径，这需要利用旧信息系统的知识来定义标准，以便确定何时开始，何时结束。

灵活性是使企业信息系统与公司战略对齐的关键。然而，企业很难轻易应对环境中日益增长和随机的变化。因此，城市化已成为应对随机和意料之外变化的必要和适当方式。

城市化方法包括简化企业信息系统的愿景，并促使企业信息系统成为企业价值创造因素和创新来源，确保企业信息系统的演变和保持竞争力。

城市化将使公司变得更有效、更高效、更有回报。城市化使公司变得敏捷，这意味着公司可以充分地对外部和内部约束做出反应。

3.11.2　信息系统的城市化

信息系统的复杂性使公司集成复杂化，可以与现实中的人类城市或正在城市化的城市系统的复杂性相比较。信息系统的城市化有助于提高敏捷。城市化是企业演进背后的驱动力，而信息的有效利用是企业成功的关键。它通过提供一个系统演进框架来应对商业环境的变化，解决信息系统的演进问题。

城市化流程主要分为三个阶段：

➲ 确定满足要求所需的业务战略；
➲ 功能性需求的定义和具体映射；
➲ 确定技术方向。

如图3-10所示的是一种城市化方法，这个方法中城市化对环境信息系统的各个维度做出了贡献。

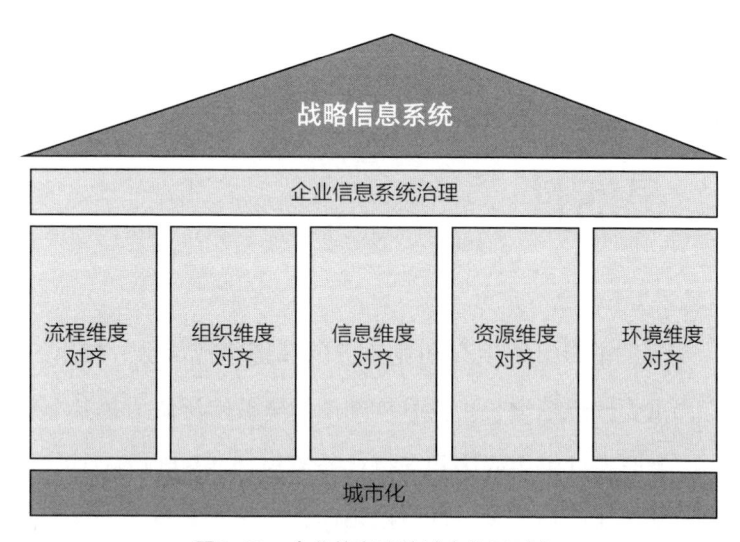

图3-10　企业信息系统城市化及对齐

企业信息系统的设计（考虑到它们的相互作用）和协调过程将根据公司战略定义的治理指导方针实施。因此，城市化和对齐的方法首先是自顶向下（分析和战略设计），然后自底向上（执行和验证），这将增加企业信息系统的灵活性和一致性，并增强其敏捷性。

通过城市化流程，可以更有效地构建企业信息系统。在这方面，使用城市化规则和良好实践规则，可以将整体企业信息系统的维度分解为区域、社区和模块。

- 区域：一个区域形成了一个同质的社区家庭，具有相同的建设规则和联系。
- 社区：一个信息系统社区是一个区域的一小部分，而区域本身就是一个被处理过的信息系统的一小部分。社区对应于所谓的子系统。一个社区形成了一个同质的街区家庭，遵守相同的建设和耦合规则。
- 模块：模块是同质数据和处理的集合，是城市规划的基本单元。模块形成类似的数据类型和处理方式，遵循相同的构造和耦合规则。

3.12 灵活性

作为组织生存和竞争力的关键组成部分，IT组织基础设施能力的重要性继续增长。共享IT基础设施被广泛认为是共享IT能力的基础，用于开发IT应用程序和支持业务流程。IT基础设施通常是共享IT功能的基础，这些功能支持IT应用程序开发和业务流程。IT基础设施是IT组织的资源和能力，它们在整个组织中共享，并构成开发IT应用程序和支持业务流程的基础。IT基础设施能力通常由信息技术和信息系统（服务）部门提供，但也可能包括组织使用的公共或外包设施。发展IT基础设施能力的主要原因是通过促进跨组织的信息共享进行跨职能集成，来支持不同应用程序或使用功能之间的相似性。

在信息系统、组织理论、战略管理和运营管理领域，文献将灵活性定义为对环境变化的反应能力。然而，许多研究人员将IT灵活性描述为组织支持多种信息技术和服务的能力，这些技术和服务基于四个维度：

兼容性、连接性、模块化和IT人员灵活性。

兼容性是在任何技术组件之间共享任何信息的能力。连接性是技术与其他技术组件交互的能力。换句话说，连接组织中的每个人、职能领域和应用程序。模块化是指软件应用程序通过在独立的模块中审核过的惯例来促进管理。它还允许公司快速创建或修改软件应用程序，以支持产品开发变更。IT人员灵活性是指在包含各种技术类型的跨功能团队中进行协同工作的能力。

IT灵活性与IT和IS（即商业事务处理系统、信息管理系统、决策支持系统、网络管理等）的效率和实施有关。研究表明，IT灵活性是决定IT和IS有效性或运营绩效的关键。

敏捷性和灵活性的概念通常在文字中被混淆了。然而，敏捷性是速度与灵活性的组合。敏捷性意味着响应不可预期的环境变化的能力，而灵活性是指对风险或不可预期的事件的反应（例如提前规划布局）。

请注意，不要将敏捷（或敏捷信息系统）与灵活性（或灵活的IT系统）混为一谈，这一点很重要。很明显，这两个概念是相关的，但又有所不同。事实上，研究人员还认为敏捷涉及使用灵活性，并提出了另外的观点，在概念层面上说明了敏捷和灵活性与复杂性之间的关系。

3.13 敏捷

在信息系统研究领域，敏捷的概念通常与灵活性、动态性和有机性等术语联系在一起。如前所述，灵活性和敏捷性的概念与更广泛的挑战有关，即将复杂的IT系统与用户需求、业务流程、公司结构、战略和市场中出乎意料的（甚至有时是令人惊讶的）变化结合在一起。

早在20世纪90年代，敏捷方法在计算机开发成功之后，敏捷的概念被引入信息系统研究。在2000年，信息系统搜索关注于通过IT、信息系统开发方法和信息系统外包实践解释信息系统敏捷的其他属性。同样在文献中，我们推断出由于缺乏对敏捷概念的独特定义，因此对信息系统敏捷研究分成了多个流派。表3-2展示了主要的研究流派。

表3-2　信息系统敏捷研究流派

信息系统敏捷研究流派	文献作者
信息系统设计与治理	罗卡特（Rockart）、厄尔（Earl）和罗丝（Ross）（1996年）
	普拉格（Prager）（1996年）
	克拉克（Clark）等人（1997年）
	博阿尔（Boar）（1998年）
	特鲁克斯（Truex）、巴斯克维尔（Baskerville）和克莱因（Klein）（1999年）
	唐和谢（2006年）
	格特（Gerth）和罗思曼（Rothman）（2007年）
	谢、高和唐（2008年）
	斯蒂蒂娜（Stettina）和克鲁恩（Kroon）（2013年）
战略信息系统管理	莱西蒂（Lacity）、威尔科克斯（Willcocks）和菲尼（Feeny）（1996年）
	谢等人（2008年）
	施密特（Schmidt）和布克斯曼（Buxmann）（2011年）
	蒂瓦纳（Tiwana）、康辛斯基（Konsynski）和布什（Bush）（2010年）
	乔基姆（Joachim）、贝姆伯恩（Beimborn）和韦策尔（Weitzel）（2013年）
	阿拉塞瓦（Alaceva）和鲁苏（Rusu）（2015年）
	卡莱（Kale）、阿克纳（Aknar）和巴哈尔（Başar）（2018年）
	考尔（Kaur）、库马尔（Kumar）和库马尔（Kumar）（2017年）
信息技术专业人员的能力和技能	马库斯（Markus）和本杰明（Benjamin）（1996年）
	巴特勒（Butler）和格雷（Gray）（2006年）
	麦卡恩（McCann）、塞尔斯基（Selsky）和李（2009年）
	查曼尼法德（Chamanifard）、尼克普尔（Nikpour）、查曼尼法德（Chamanifard）和诺巴里伊迪舍（Nobarieidishe）（2015年）

续表

信息系统敏捷研究流派	文献作者
信息技术专业人员的能力和技能	C.伦尼克–霍尔（Lengnick-Hall）、贝克（Beck）和M.伦尼克–霍尔（2011年）
	萨哈（Saha）、格雷加尔（Gregar）、范·德·海杰登（Van der Heijden）和萨哈（Sáha）（2019年）
信息系统开发	巴斯克维尔（Baskerville）和普里斯–赫耶（Pries-Heje）（2004年）
	李和夏（2005年）
	霍姆奎斯特（Holmqvist）和佩西（Pessi）（2006年）
	莱替宁（Lyytinen）和罗斯（Rose）（2003年）
	康博伊（Conboy）（2009年）
	索尼萨克（Saonee Sarker）和苏普拉蒂克萨克（Suprateek Sarker）（2009年）
	郑、文特斯（Venters）和科恩福德（Cornford）（2011年）
	洪、宋、查萨洛（Chasalow）和迪隆（Dhillon）（2011年）
	拉梅什（Ramesh）、莫汉（Mohan）和曹（2012年）
	王、康博伊（Conboy）和皮卡拉宁（Pikkarainen）（2012年）
	麦卡沃伊（McAvoy）、内格尔（Nagle）和萨蒙（Sammon）（2013年）
	莫伊（Moy）（2018年）
	谢恩（Shein）、鲁滨逊（Robinson）和古铁雷斯（Gutierrez）（2018年）
软件开发方法	奥弗比（Overby）、巴拉德瓦吉（Bharadwaj）和萨姆巴穆尔西（Sambamurthy）（2006年）
	伯杰森（Börjesson）、马丁森（Martinsson）和泰默尔（Timmerås）（2006年）
	迪布（Dybå）和丁瑟尔（Dingsøyr）（2008年）
	坦里维尔迪（Tanriverdi）、拉埃（Rai）和文卡特拉曼（Venkatraman）（2010年）
	斯蒂蒂娜（Stettina）和克鲁恩（Kroon）（2013年）
	霍布斯（Hobbs）和佩蒂特（Petit）（2017年）
	萨哈等人（2019年）
IT基础架构设计	艾伦（Allen）和博因顿（Boynton）（1991年）
	邓肯（Duncan）（1995年）

续表

信息系统敏捷研究流派	文献作者
IT基础架构设计	伯德（Byrd）和特纳（Turner）（2000年）
	贝纳马蒂（Benamati）和莱德勒（Lederer）（2001年）
	温兹勒（Wenzler）（2005年）
	奥弗比（Overby）、巴拉德瓦吉（Bharadwaj）和萨姆巴穆尔西（Sambamurthy）（2006年）
	迪布和丁瑟尔（2008年）
	金、帕克（Park）、康和徐（2008年）
	芬克（Fink）和纽曼（Neuman）（2009年）
	唐、潘、卢和黄（2009年）
	坦里维尔迪（Tanriverdi）等人（2010年）
	施密特（Schmidt）和布克斯曼（Buxmann）（2011年）
	夏皮罗（Schapiro）和亨利（Henry）（2012年）
	塞伦（Celen）和杜尔德贾诺维奇（Djurdjanovic）（2012年）
	乔基姆（Joachim）等人（2013年）
	李、贾、陈和殷（2014年）
	墨菲（Murphy）等人（2018年）
	莫顿（Morton）等人（2018年）
业务敏捷及信息系统应用价值	布罗德本特（Broadbent）、韦尔（Weill）和圣克莱尔（St.Clair）（1999年）
	罗卡特（Rockart）等人（1996年）
	李和夏（2005年）
	格特（Gerth）和罗思曼（Rothman）（2007年）
	格鲍尔（Gebauer）和李（2008年）
	芬克（Fink）和纽曼（Neuman）（2009年）
	坦里维尔迪（Tanriverdi）等人（2010年）
	巴特（Bhatt）、埃姆达（Emdad）、罗伯茨（Roberts）和格罗弗（Grover）（2010年）
	蒋、格罗弗（Grover）、梁和张（2018年）

续表

信息系统敏捷研究流派	文献作者
业务敏捷及信息系统应用价值	奎罗兹（Queiroz）、塔隆（Tallon）、夏尔马（Sharma）和科尔特曼（Coltman）（2018年）
	本良（Benlian）、凯廷加尔（Kettingaer）、苏尼耶夫（Sunyaev）、温克勒（Winkler）和艾迪特（Editors）（2018年）
	阿斯拉菲（Ashrafi）、拉瓦桑（Ravasan）、托克曼（Trkman）和阿夫沙里（Afshari）（2019年）

在本节中，我们简要描述了在四个成熟的研究领域中与信息系统敏捷相关的研究：信息系统组织设计、信息系统专业人员的能力和技能、信息系统开发、IT基础设施的设计。

3.13.1　信息系统组织设计

许多研究人员也认识到信息系统组织结构和治理机制对内部职能和信息系统外包关系的作用。将变更准备度定义为组织的信息系统在短开发周期内，使用高技能的内部IT人员提供战略IT应用程序的能力。

组织的信息系统需求已经在几个概念文档中得到了阐述。一个灵活的组织信息系统的首要决定条件之一，是信息系统和公司之间的合作伙伴关系。建议IT部门采用矩阵式组织结构——这种结构将技术知识作为核心能力来管理，同时支持以客户为中心的开发和服务流程，通常被称为卓越中心结构。它将技术和控制任务，与业务发展任务区分开来。一般来说，IT组织应该以成为新兴组织为目标，并创建虚拟团队来促进与业务单位的密切协作。

3.13.2 信息系统专业人员的能力和技能

信息技术人员的技能和能力，被认为是信息系统灵活性和适应性的基本要素，IT基础设施和敏捷IT开发。然而，我们样本中的两项研究表明，要更广泛地提升信息系统专业人员的能力，而不是仅在IT基础设施领域，或信息系统开发领域。这些研究的出发点是信息系统专业人员，将需要变更行为主体的能力。此外，考虑意外事件。研究人员认为，组织结构、工作角色与实践的标准化，会阻碍信息系统专业人员承担更有效的变更行为主体角色，或在下文中的意外情况下谨慎行事。

3.13.3 信息系统开发

在信息系统开发中，与敏捷相关的研究一直集中在敏捷方法的使用上。概念研究有助于定义研究的关键变量。为信息系统开发灵活性的两个核心组成部分开发了测量表：响应有效性和有效的响应。康博伊（Conboy）基于对灵活性、敏捷和精益概念在商业研究中的使用的详尽回顾，将信息系统开发方法的敏捷定义为：持续准备就绪的一个信息系统开发方法，快速地产生内在变化（采取主动或被动的方法），并且通过其公共组件及与环境的关系，从客户贡献的感知价值（经济实惠、质量如何、操作便捷）变化中学习。

几个案例研究试图确定信息技术的灵活性或敏捷性历史。一本核心报告指出公司应遵循敏捷的信息系统开发方法的原则。

然而，人们承认，采用这种方法是一个缓慢的学习过程。许多其他变量，如组织环境、项目的各种属性、集体与个人意识，也定义了项目团队有效部署敏捷方法的能力。

3.13.4 IT基础设施的设计

对IT基础设施灵活性的研究受益于早期的概念性工作：首先是邓肯（Duncan）在1995年提出，然后由伯德（Byrd）和特纳（Turner）在2000年进一步完善。尽管邓肯没有提供一个精确的定义，但下面的描述为理解IT基础设施的灵活性提供了一个起点。

基础设施的灵活性决定了信息系统开发对随着业务实践或战略变化而演进的系统需求做出快速和经济有效响应的能力。理想情况下，灵活的基础设施应该是一种旨在随着新兴技术的发展而演进，并支持正在进行的相关活动和流程重组的基础设施。

随后，伯德和特纳在2000年开发了一种测量计算机灵活性的工具。该工具基于这样的假设，即IT基础设施的灵活性有八个维度：四个是技术基础（IT连接性、应用程序功能、IT兼容性和数据透明性），四个是人员组件（技术管理、业务知识、管理知识和技术知识）。

新技术趋势既可以是实现IT基础设施灵活性的一种手段，也可以是一种挑战。

3.14 本章总结

公司的总体规划是一项战略规划，设计用来在公司中试点IT开发（将战略转化为与信息系统相关的行动）以尽可能满足需求。然而，在今天，敏捷已经成为一种必要的品质，尤其是在持续变化的经济环境中——这让敏捷成为必要，甚至是不可或缺的。

IT敏捷已经成为任何信息系统部门的主要目标。不仅如此，这也是任何公司满足客户需求，面对竞争挑战和快速的技术演进都必须具备的品质。面对内部和外部环境的各种转型和需求，构建企业信息系统对促使公司演进，调整公司定位、结构和技能都是非常关键的，所有这些都与公司的战略演进相协调，同时确保IT治理与全局战略、互操作性、集成、自主性和灵活性的整体始终对齐。换句话说，企业信息系统必须敏捷。

第 4 章

信息系统敏捷的概念模型

当今时代，多重因素驱动信息系统应对影响组织战略的内外部因素引起的变化。多种环境因素（包括政治、社会经济、金融和技术变革）会影响组织能力和绩效，并改变组织战略。在21世纪初，还会发生其他变化，如与网络犯罪和人工智能相关的变化。在本章中，作者们讨论了敏捷的概念、敏捷的维度、相关文献研究、已经被提出的敏捷模型，以及研究人员和文献作者们提出的战略信息系统敏捷概念模型。

4.1 导言

今天，信息系统部门比以往任何时候都更需要更好地管理公司的IT政策，这不仅是指信息系统部门必须能够提供服务可用性或持续的业务改进，最重要的是提供与信息技术使用相关的竞争优势。在这种情况下，IT部门必须以最佳方法和实践为基础，提供最大的敏捷来适应功能和技术演进、保持开放，能更好地对接到合作伙伴的流程，同时保护和重用现有的IT资产（对多年来使用的技术提出质疑实在没有必要）。在此框架内，必须定义和开发一种新型信息系统，即当前系统的自然演进，并且必须能够随着时间的推移进行循环利用，能够有效地重新配置并且不产生新的困难。在我们看来，实施敏捷是一个重要的进程，它可以基于严格的方法论来指导架构师和决策者开发或重新设计现代化企业信息系统。

为了应对公司正在承受的内部和外部压力，以必要的反应来控制变化、降低成本，必须严格一致地管理信息系统，从而在信息系统的各个方面，以及各个层面带来本质的、快速的变化。这些变化涉及技术、应用程序、流程、组织和人力资源。所有这些因素都会影响公司的战略，反之亦然。因此，信息系统必须足够敏捷，以便与公司的战略对齐。

然而，公司内部部署的信息系统并不总是有收益和高效的，这可以解释为它们在不断变化的环境中，以及意外的变化中缺乏敏捷，在这种情况下，它们的发展往往不是自发的，也不在预期内的。

今天，敏捷的概念被认为是保持对齐、提高信息系统效率的一种手段。组织面对的挑战在于在保护公司信息资产的同时，尽可能保持信息系统的开放性，以便信息系统必须能够快速有效地应对变化。

最近，信息系统敏捷这一主题越来越引起IT研究人员和从业人员的兴趣。商业环境中不确定性转型是管理研究的一个重要课题。不确定性转型要求任何信息系统都能应对不确定性，这是核心功能。

当今时代，多重因素驱动信息系统能够应对影响组织战略的内外部因素引起的变化。各种环境因素会影响组织和绩效能力，并倾向于修改组织战略，包括政治、社会经济、金融和技术变革。在21世纪初，还会发生其他变化，例如与网络犯罪和人工智能相关的变化。在本章中，我们将讨论敏捷的概念、敏捷的维度、相关文献综述，并提出概念模型和结论。

4.2　文献综述

过去和最近的一些文献极大地发展了敏捷理论。

就其核心而言，敏捷需要能够快速灵活地应对技术领域和环境业务出现的变化。此外，敏捷被定义为"一个可互操作的系统，能够检测潜在的不适宜和环境变化，并根据其组成系统，及时、有效地进行恰当的适应"。换句话说，我们将敏捷定义为基于能力、知识和学习来感知、分析和响应复杂环境中变化的能力，通过技术和组织建设来利用环境变化（驱动力）创造机会。在表4-1中，简要介绍了组织信息系统敏捷的一些流行定义。

20世纪90年代初，敏捷概念在组织制造战略管理的文献中被引入，作为一种方法来应对工业环境的不稳定性，并从环境变化中产生的新机

表4-1 敏捷定义

文献作者	定义
高曼，1995年	对于公司来说，敏捷意味着能够具有竞争优势，并不断预测难以预测的客户需求
张和谢里菲，2000年	敏捷是指组织发现、分析和理解业务环境出现变化的能力，通过改变组织内部和外部活动来面对这些变化，并在最快的时间内执行恰当的解决方案
希洛（Helo），2004年	敏捷是指组织以灵活的方式应对变化的能力
鲍尔（Power），2005年	敏捷意味着市场知识和虚拟公司相结合，以利用复杂的市场中的机会
怀特（White）、丹尼尔（Daniel）和莫赫兹（Mohdzain），2005年	供应链管理者必须承认变革，但仍需要改进以合适的成本匹配供需的战略。实现这一目标的能力被称为供应链敏捷。信息，更准确地说，敏捷信息系统被认为是实现供应链敏捷的关键因素
斯瓦福德（Swafford）、高希（Ghosh）和默西（Murthy），2008年	一个组织的供应链敏捷直接影响其在短时间内，以有效的方式创造和交付创新产品给消费者的能力
霍姆奎斯特（Holmqvist）和佩西（Pessi），2006年	敏捷让组织能够感知和快速响应难以预测的事件，满足客户需求的变化。在当今的商业世界中，这种能力至关重要。新技术和新的企业管理方式不断出现，创造或改变着全球市场的需求
李等人，2006年	公司需要解决涵盖全球业务活动地点的特殊性。公司必须有能力（即敏捷）快速开发和部署系统，满足新的业务需求
德苏扎（Desouza），2007年	敏捷是日常实践的结果，这些实践支持战略制定，而战略制定发生在所有者、高级管理人员和其他核心战略过程参与者（如经理、顾问和员工）之间
布劳恩谢德尔（Braunscheidel）和苏雷什（Suresh），2009年	供应链敏捷是指公司能够与分销伙伴更有效地合作，迅速应对市场变化
米塔斯（Mithas）等人，2011年	知识管理和敏捷体系理所当然是有助于执行组织决策的两个重要调节器
伊、恩盖（Ngai）和穆恩（Moon），2011年	供应链敏捷被认为是高绩效组织所必备的一种基本运营能力
克里文斯卡（Kryvinska），2012年	供应链敏捷被认为是高绩效组织所必备的一种关键的运营能力

续表

文献作者	定义
索伦森（Sørensen）和兰道（Landau），2015年	将学术敏捷定义为在一个学术领域的核心学术争论中快速而巧妙地发现环境变化的能力
刘等人，2016年	如今，几乎所有的组织都依靠信息系统来运作。信息系统敏捷可以被认为是实现业务整体敏捷的关键
帕克（Park）、埃尔·索伊（El Sawy）和菲斯（Fiss），2017年	感知敏捷、决策敏捷和行动敏捷的结合
拉维钱德兰（Ravichandran），2018年	敏捷是一种能力，使企业能够适应环境造成的突发事件
周等人，2018年	发现和响应线上客户评论中隐藏需求的能力
戴夫和亚瑟（Arthur），2019年	敏捷可以跨四个维度进行定义（创造未来、预测机会、快速适应和持续学习）；敏捷发生在四个利益相关者（战略、组织、领导者和个人）中；且敏捷由四种人力资源（HR）工具（人员、绩效、信息和工作）支持

会里获益，提高自身竞争力。

企业如何变得敏捷？他们如何获得所需的能力？这些能力究竟是什么？

许多战略和组织管理领域的研究人员，通过参考敏捷概念启蒙之前的实践工作和理论来处理这些问题。采用这些理论和方法作为信息系统敏捷研究的参考。

作为关注点，敏捷概念越来越多地与其他术语（如灵活性、适应性和反应性）结合使用。受20世纪90年代初期敏捷方法在IT编程领域取得成功的启发，从业者对敏捷方法在编程中使用的思想进行了解释，这种解释至今仍影响着许多信息系统专业人士对敏捷概念的采用。

在研究文献中，敏捷概念被附加到系统信息应对不可预测的变化的方式上，如用户需求的增加、流程业务的变化、战略变化、竞争力、组织结构、市场变化和未来的变化。

总而言之，不同的文献作者强调了敏捷的各个方面，他们提出了不同的观点。因此，信息系统敏捷研究分为几个子领域，如基础设施、战略信息系统、信息系统专业人员的IT技能、信息系统治理、信息系统开发方法和软件开发。尽管文献中敏捷定义存在差异，这些定义却并不相悖。但是，这种现状也导致了缺乏信息系统敏捷的全局视角、缺乏理论清晰度以及缺乏不同信息系统敏捷研究领域的概念简洁性。影响信息系统的因素如图4-1所示。

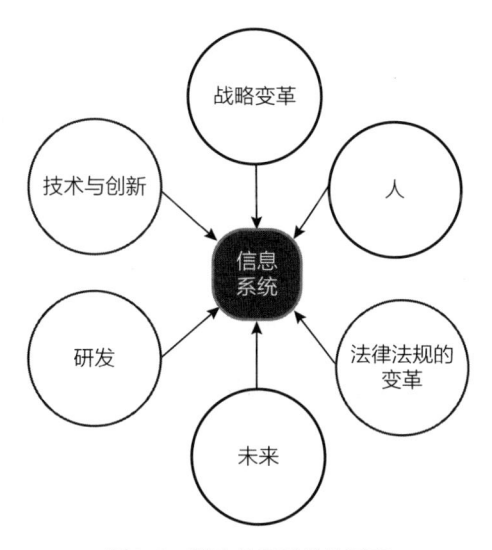

图4-1 影响信息系统的因素

4.3 文献方法论

在我们的文献综述中，我们采用了与研究目标相关的详尽方法。为实现这一目标，我们基于多个数据库和研究引擎［如ProQuest数据库、经济管理数据库ABI/INFORM、爱思唯尔（Elsevier）、爱墨瑞得（Emerald）数据库、Atypon数据库、ACM数字图书馆、ScienceDirect

全文数据库、IEEE Xplore全文数据库和Gale Cengage计算机等〕，使用关键字"信息系统敏捷模型""敏捷信息系统""在信息系统中实现敏捷"等。所用关键字的组合取决于评论或数据库，我们查看并探讨了已确认的文章。另外，还通过新闻引用和参考书目来确认经过审查的文章。

4.4 信息系统敏捷框架

4.4.1 张和谢里菲（2000年）

由于公司面临的变化和压力可能不同，制造业组织对敏捷需求程度也会不同。这个程度用术语"需要的敏捷程度"来表示，它取决于各种驱动力，例如商业环境的变化、公司背景和公司特征，一旦公司"必要的敏捷程度"确定下来，下一个步骤则是评估组织已达到的敏捷程度。"需要的敏捷程度"与公司已达到的敏捷程度之间的区别，是组织为了实现敏捷必须跨越的台阶。检测、识别和分类是识别公司面临的不同变化所需要的行动，以分别降低每个敏捷触发器的影响程度。所需的敏捷能力程度可以根据变化的触发来确定。在最后阶段，概念模型包括三个步骤：第一步确定可以带来所需能力的敏捷提供者；第二步实施所确定的提供者的敏捷方案并判断其敏捷程度；第三步作为绩效的衡量标准，制定纠正措施以进一步提高绩效。在这过程中必须开发不同的工具来支持公司实现上述流程。

总之，研究人员张和谢里菲提出了一种方法来检测商业环境中的不同变化，其中公司必须有能力确定期望的敏捷程度。这套方法可供公司使用，来应对不可预测的变化，因为这些变化会影响公司战略，有时甚至威胁公司生存。况且定义战略和优先级，便于公司实施应对变化所需的方案，并找到支持公司应对变化的方法。张和谢里菲提出的模型如图4-2所示。

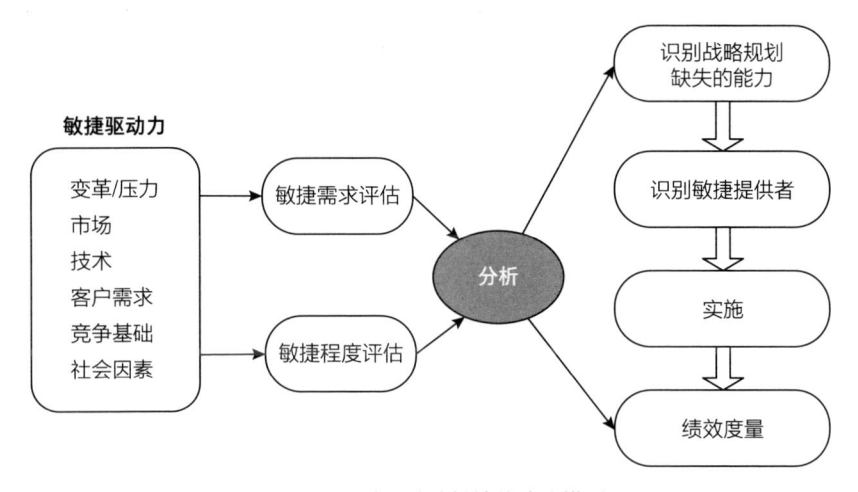

图4-2　制造业达成敏捷的建议模型

4.4.2　古纳斯卡兰（Gunasekaran）和优素福（Yusuf）（2002年）

研究人员古纳斯卡兰和优素福开发了适用于航空航天、工业企业背景的敏捷管理。该项调查通过问卷进行技术研究来评估公司的敏捷。其目标是修订制造业的敏捷前景，以确定关键的敏捷管理战略和技术。此外，他们还提出了一个基于战略、人、技术和系统四个关键因素的工业系统敏捷框架，如图4-3所示。

图4-3 敏捷制造范式

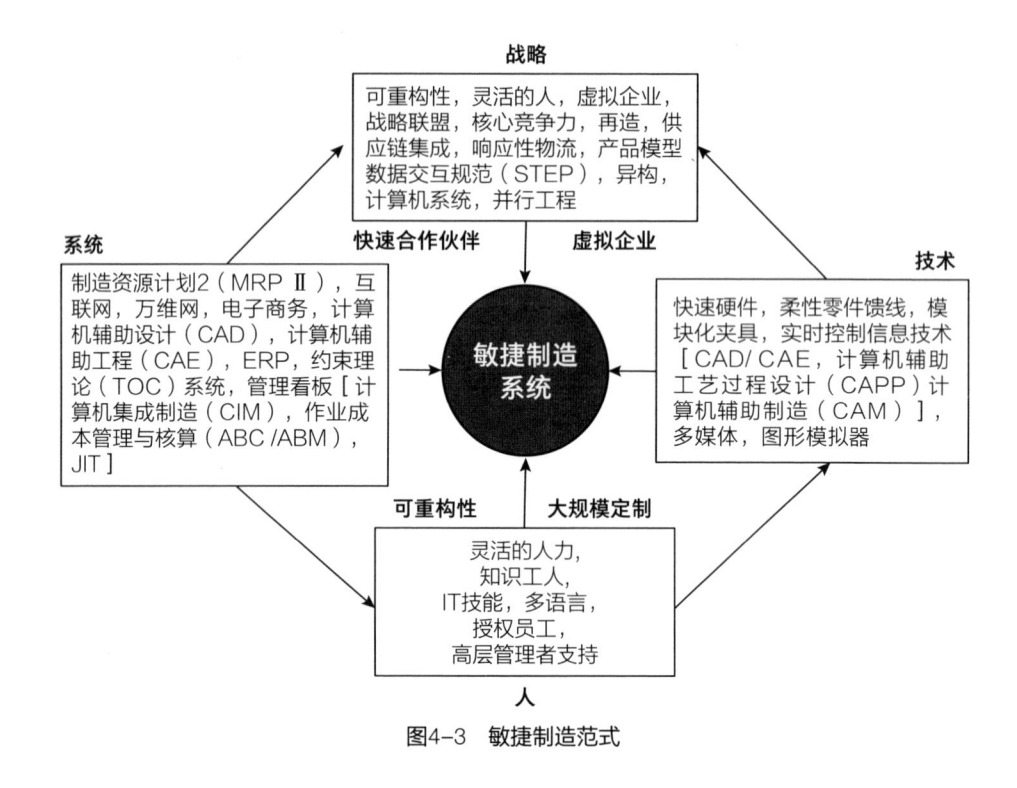

4.4.3 克罗奇托（Crocitto）和尤瑟夫（Youssef）（2003年）

克罗奇托和尤瑟夫将组织敏捷视为组织流程、特征和有先进技术的人这三者的组合。敏捷推动组织提供高质量产品和服务，提高组织竞争力。

他们提出集成生产和运营、综合管理和社会技术意见，以便能开发出组织敏捷模型。

该模型以敏捷供应商、组织成员和通过信息技术联合的客户为基础。他们认为这些连接基于必要的领导力、组织文化，以及在技术与人之间建立关系的员工奖励制度。

这些关系包括让人们参与决策过程、创意过程和高质量产品的生产过程，通过提升工作岗位、技术培训和奖励体系提高组织敏捷程度。

综上所述，他们提出了一个基于人为因素的集成模型，实现组织敏捷并获得竞争优势，如图4-4所示。

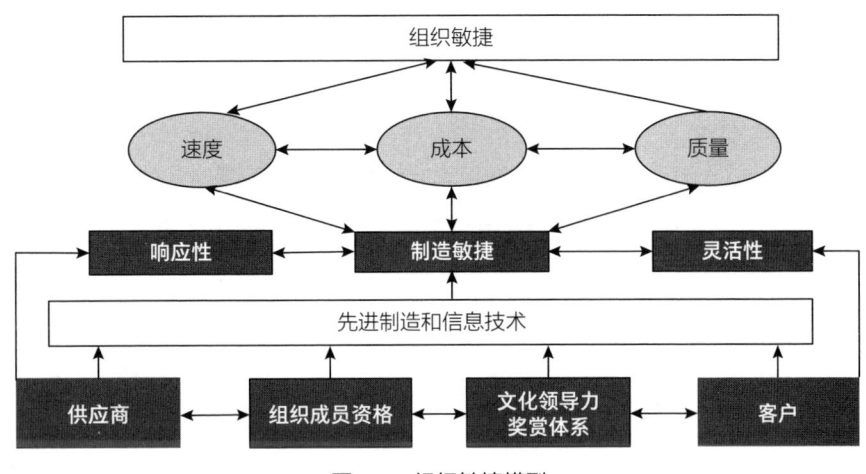

图4-4 组织敏捷模型

4.4.4 林、邱和曾（2006年）

敏捷组织旨在增强员工和客户的满意度。变化是实施敏捷的主要诱因。尽管变化并不是什么新鲜事，但今天的变化正在以比之前任何时候都快得多的速度发生。市场环境的变化和不可预测性已成为制造业失败的主要原因。

简单地说，变化的数量和它们的类型、规格或特征，很难轻而易举地描述，就算描述了也可能是模糊的。因此，林、邱和曾演进出一个包含三个方面变敏捷的模型。第一个方面是客户需求、竞争标准、市场、技术和社会因素，正在改变商业环境中的竞争场景（敏捷驱动力）。在第二个方面，敏捷组织试图根据成本、时间、目的和耐用性等因素来丰富和满足客户。第三个方面涉及敏捷能力，由灵活性、响应性、快速和能力构成的使能者系统。敏捷公司概念模型如图4-5所示。

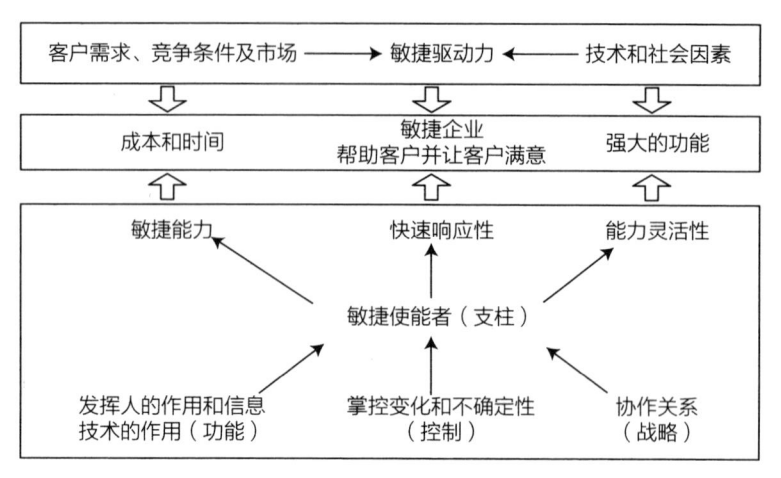

图4-5 敏捷企业概念模型

4.4.5 斯瓦福德、高希和默西（2008年）

斯瓦福德、高希和默西提出了一个基于组织供应链敏捷框架的流程。在其框架中提出了对物流或分销、采购或制造的定义，强调了公司中供应链三个基本流程的灵活性的三个关键因素。

此外，他们还强调了构成供应链敏捷的历史因素，同时开发了供应链敏捷的结构和假设，如图4-6所示。

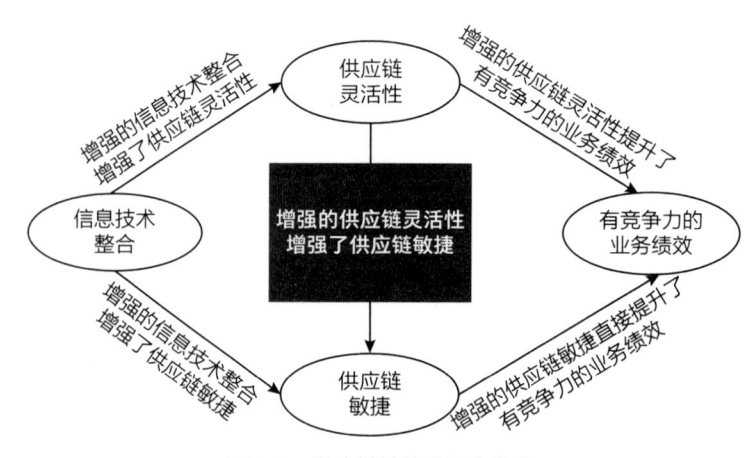

图4-6 供应链敏捷的概念模型

4.4.6 拉梅什（Ramesh）、莫汉（Mohan）和曹（2012年）

根据拉梅什等人的说法，公司的战略受到环境、社会经济、法律、技术和全球化变化等不同因素的影响，这增加了信息系统的复杂性和竞争的激烈程度。一家公司要在外部环境快速和随机变化的背景下确定自己的定位，必须有一个能够快速适应的政策，快速对所有系统做出重大改变与目标保持一致的战略。这意味着它必须始终敏捷。因此，要实现企业敏捷，就必须以信息系统敏捷为目标。

研究人员在论文中讨论了"流程、组织、信息、资源和环境"（POIRE）中的敏捷评估。

他们认为，首先，我们必须定义信息系统的目标，即最大化地服务于公司的战略、满足业务流程，简而言之，我们需要一个对齐战略的信息系统。其次，制定构建系统的规则，让新信息系统避免重蹈旧系统的覆辙，同时能够预测变化。简而言之，我们需要一个敏捷信息系统。最后，明确从当前信息系统到目标信息系统的轨道转换，需要重视当前信息系统，以确定重建阶段的适当标准。该模型如图4-7所示。

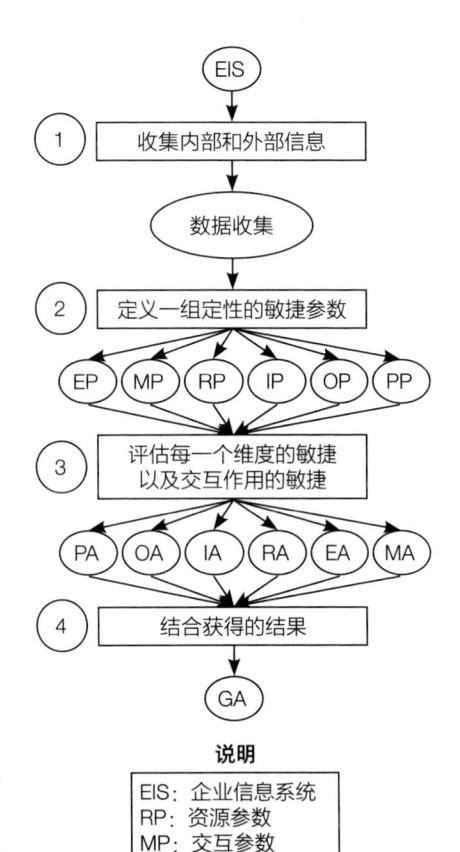

说明
EIS：企业信息系统
RP：资源参数
MP：交互参数
PP：流程参数
OP：组织参数
IP：信息参数
RA：资源敏捷
OA：组织敏捷
MA：交互敏捷
PA：流程敏捷
IA：信息敏捷
GA：全局敏捷
（企业信息系统敏捷）

图4-7 POIRE敏捷评估方法

4.4.7 阿塔帕图（Atapattu）和塞德拉（Sedera）（2014年）

阿塔帕图和塞德拉提出了一个感知、响应和客户满意度的研究模型，如图4-8所示。他们认为，当公司的感知和响应能力达到最高程度时，"客户满意度"将达到最高程度。从客户越来越频繁使用客户关系管理系统（CRM）开始，组织越来越容易发掘客户需求。CRM现已成为企业感知客户需求的替代衡量标准。

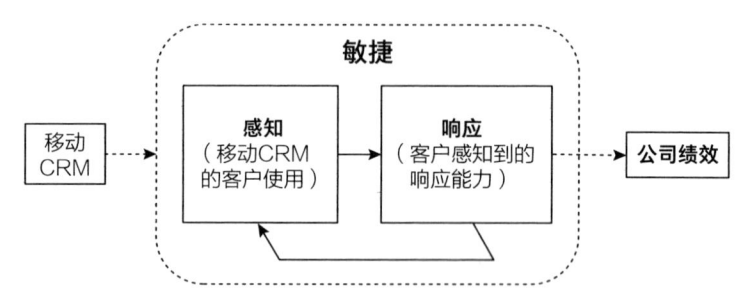

图4-8 通过CRM实现客户满意的业务敏捷

根据这个敏捷对齐模块，由于公司的行动基于CRM信息，公司可以执行这些项目来响应客户不断变化的需求。

通过使用CRM，客户能够通过感知到的真实体验，认识到公司在满足自己的特定需求。换句话说，公司的响应能力反映在被客户认可的有效响应事件上。实际的客户体验决定了客户满意度，客户能感知到公司正在满足他们的独特需求。

4.4.8 帕克（Park）、埃尔·索伊（El Sawy）和菲斯（Fiss）（2017年）

帕克等人通过解释IT、企业和环境元素如何结合来实现预期结果，提出了一种支持组织敏捷并保持竞争力的配置方法。图4-9说明了其组成部分，并提出了在特定组织和环境背景下产生组织敏捷的特定因素。

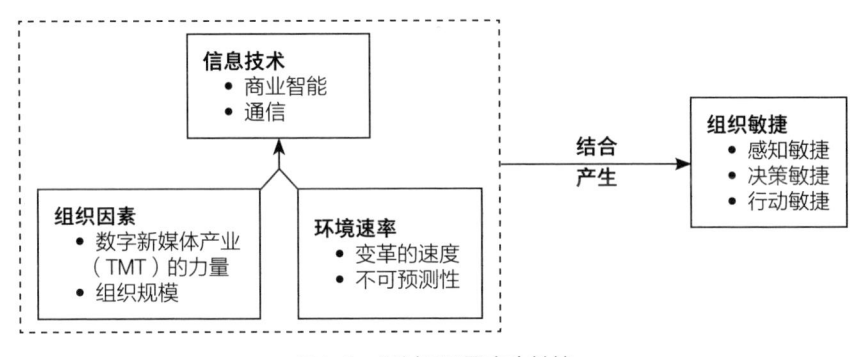

图4-9 通过IT配置产生敏捷

4.4.9 莫顿（Morton）、斯泰西（Stacey）和莫恩（Mohn）（2018年）

莫顿等人的研究为IT高管们提出了一个框架。如图4-10所示。该框架将这些从业者与相关实践结合，建立并保持战略敏捷。该框架包括实践和理论化的战略工作，将IT高管概念化为战略参与者。展示了他们在战略制定中的作用，即通过战略实践中不同实践子集的相互作用，来建立并保持战略敏捷。结论突出了IT高管通过他们的实践以多种方式促进战略敏捷。

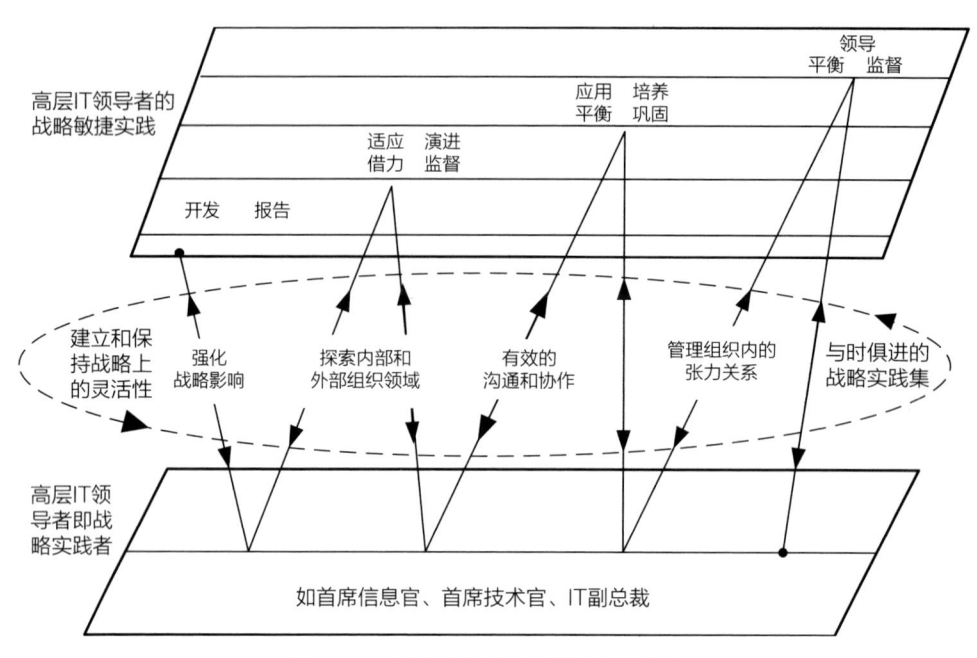

图4-10　高层IT领导者实现战略敏捷框架

4.4.10　吴（2019年）

吴基于四个关键要素，提出通过信息系统集成来提高供应链敏捷。第一，对客户敏感，对客户需求做出快速反应。第二，通过提供实时信息检测客户级别和市场发展的变化，提高产品和数量的灵活性。第三，组织内合作，实现员工和组织子单元之间的同步，这对于实施必要的行动，满足客户不断变化的需求非常重要。信息系统集成通过跨整个供应链的实时信息同步来强化沟通。第四，虚拟集成通过鼓励信息的自由流动和思想交流（如协作组织工作）来促进敏捷改进流程。系统集成通过跨越内部和外部组织边界，有效利用信息的价值，提供必不可少的信息。如图4-11所示。

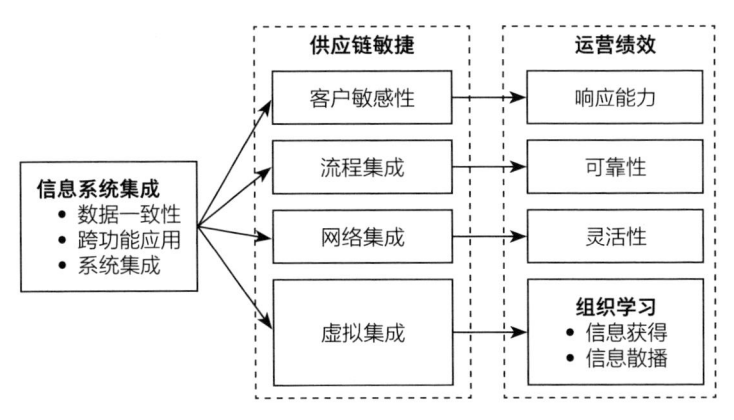

图4-11 信息系统集成提升供应链敏捷

4.5 行业讨论和批评

4.5.1 行业讨论

自20世纪90年代以来，信息系统敏捷吸引了研究人员的注意，大量的文章为组织及其信息系统提出了许多方法和概念，响应了组织、信息系统、员工和客户的新需求。

21世纪初，敏捷研究已经从对敏捷范式的一般解释扩展延伸至计算机系统的属性、外包的开发方法和实践，以及信息系统人员。因此，对信息系统敏捷的研究分为不同的子领域，例如战略信息系统管理、开发业务敏捷和信息系统应用程序的价值、IT基础设施、信息系统专业人员的技能、信息系统治理、信息系统开发中使用的方法等。迄今为止提出的研究，呈现出了显著的多样性。

战略信息系统敏捷给研究人员带来了严峻的挑战。尽管文献综述中引用了敏捷的主要驱动力，例如人员、研发、法律变化、战略变化、技术变化和未来变化，但敏捷概念仍未得到清晰地定义和构思。

如今，上述敏捷需求构成了组织的当务之急，组织寻求更多的灵活性、更强的反应性来面对动态的环境。换句话说，组织必须有能力对现有信息系统及需求进行相关分析后重塑其结构。

4.5.2 批评

我们没有找到敏捷的通用定义。关于敏捷概念的含义，有多种不同的看法。在研究中，敏捷一词经常用于定义（信息系统）可以适应组织内外部出现的不可预测变化的方式。

上述介绍的模型均未提及如信息系统安全性这类敏捷驱动力。此外，除了张和谢里菲之外，业内所提出的模型和方法，并没有为敏捷实施建立任何系统的流程。所提出的模型主要基于制造业领域，并没有提供整体和全面的方法来度量、改进其他组织环境中的敏捷，例如公共或服务领域的组织。

这些模型提出了增强灵活性的方法论，但没有一个模型提出可用于敏捷评估和改进的可行方法。

4.6 敏捷组件

正如文献部分所述，敏捷概念定义的最多解释之一是"适应变化的能力"。信息技术被认为是增加组织敏捷的重要能力，信息系统敏捷通常被认为是公司敏捷的推动因素。作为底层组件的IT能力体现在三个维度。

- IT基础设施能力（技术基础）。
- IT业务能力（业务-IT战略思维和伙伴关系）。
- IT积极主动的立场（机会导向）。从这个角度来看，信息系统必须首先确定敏捷驱动力，以确定所需的信息系统敏捷程度。要定义当前的敏捷程度，我们必须先确定敏捷提供者。后者有助于信息系统提升自身现有能力，并具备应对变化的能力。

4.7 敏捷驱动力

根据马库斯（Markus）和罗比（Robey）的说法，概念模型是从过程理论或差异（因素）中获得的；他们还引用了有关驱动力、能力和提供者的几个因素。而张认为，敏捷的驱动力是来自商业环境的变化与压力，那是公司寻找新解决方案并保持竞争力所必需的。此外，苏萨拉（Susarla）等人认为，新出现的运营优先事项需要新信息系统能力。在表4-2中，我们列出了与信息系统相关的七种（技术、战略、人员、安全、研发、组织环境和法律）不同类型的驱动力。

表4-2 敏捷驱动力类型

类型	驱动力	文献作者
技术	IT架构 规划与开发 新技术的引入	张和谢里菲（2000年） 费莉佩（Felipe）、罗尔丹（Roldán）和利亚罗德里格斯（LealRodríguez）（2016年） 芬克（Fink）和纽曼（Neuman）（2009年） 施密特和布克斯曼（2011年） 乔基姆（Joachim）等人（2013年）

续表

类型	驱动力	文献作者
战略	业务价值（IT投资） 评估框架 分析与规划 治理 迁移计划 开发 管理战略变革	奥弗比（Overby）、巴拉德瓦吉（Bharadwaj）和萨姆巴穆尔西（Sambamurthy）（2006年）
人员	客户满意度 个人技能和能力 客户需求 人际关系和管理技巧	阿维塔尔（Avital）等人（2006年）
安全	攻击 脆弱性 事件 入侵 破坏	坎坎哈利（Kankanhalli）、特奥、唐和魏（2003年） 佩雷拉（Pereira）和桑托斯（Santos）（2010年） 索尔斯（Soares）和萨索雷斯（Sá-Soares）（2014年） 波洛尼亚（Polónia）和德萨索雷斯（de Sá-Soares）（2013年）
研发	最佳实践 管理信息系统 工作流程 规则	韦尔（Weill）、苏布拉马尼（Subramani）和布罗德本特（Broadbent）（2002年） 休哥森（Hugoson）、马古拉斯（Magoulas）和佩西（Pessi）（2008年） 郑、文特斯（Venters）和科恩福德（Cornford）（2011年） 王、康博伊（Conboy）和考利（Cawley）（2012年）
组织环境	竞争对手的行动 经济变化	萨姆巴穆尔西、巴拉德瓦吉和格罗弗（Grover）（2003年） 奥弗比、巴拉德瓦吉和萨姆巴穆尔西（2006年）
法律	监管/法律变化	奥弗比、巴拉德瓦吉和萨姆巴穆尔西（2006年）

4.8　能力

表4-2指出了三种类型的信息系统能力：

- 技术能力：不仅是指具体的技术专长（包括编程，了解软件开发流程和操作系统、数据库系统等领域的知识），还包括在何处、如何有效地部署IT，以支持组织的战略目的和目标。技术能力强的IT人员更有可能更快地提供实用的技术解决方案。

- 业务能力：IT人员能理解他们支持的业务流程，并能够理解他们实施的实际解决方案，以及产生相关的组织级后果。这种能力需要通用的业务知识、组织特定的知识以及学习业务职能的知识。
- 人员能力：指一组人际关系和管理知识及技能，这些技能对经常在组织中扮演跨界角色的IT人员尤其重要。

这些能力包括项目管理、团队协作、规划、演示沟通、组织领导项目等。具有强大执行能力的IT人员，通常对组织文化和政治敏感，这使他们能够跨业务职能高效地工作。

研究人员提出了敏捷的三个主要阶段：驱动力、能力和使能者或提供者。信息系统领域的驱动力和使能者的能力作为重要因素已经被多次强调。在这里，我们将这些因素结合起来，形成一个全新的、完整的组织敏捷领域的模型。图4-12描述了实现敏捷的组成部分。

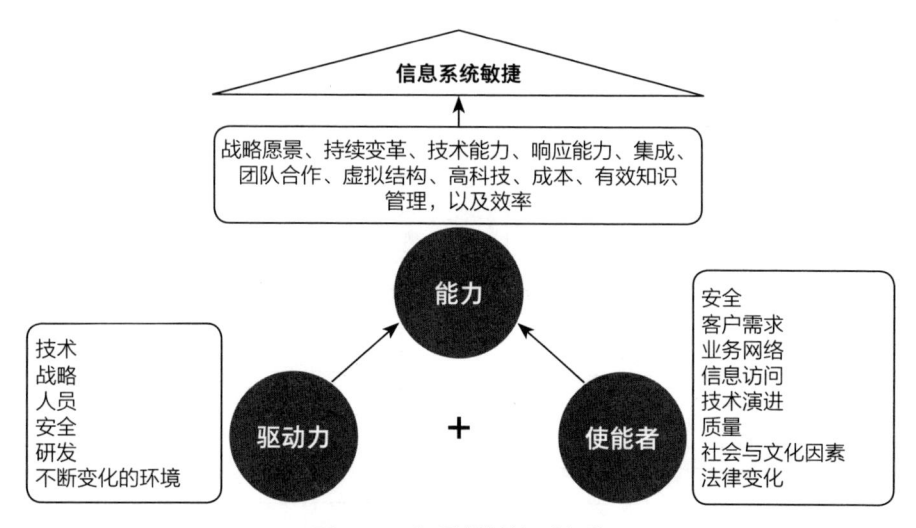

图4-12 实现敏捷的组成部分

4.9 实现战略敏捷提出的概念模型

图4-13中,我们提出了一个实用的战略信息系统敏捷方法模型。该模型表明,任何信息系统都需要检查外部和内部信息系统环境。第一步,信息系统必须感知不同的内部和外部驱动力。这些因素代表了组织

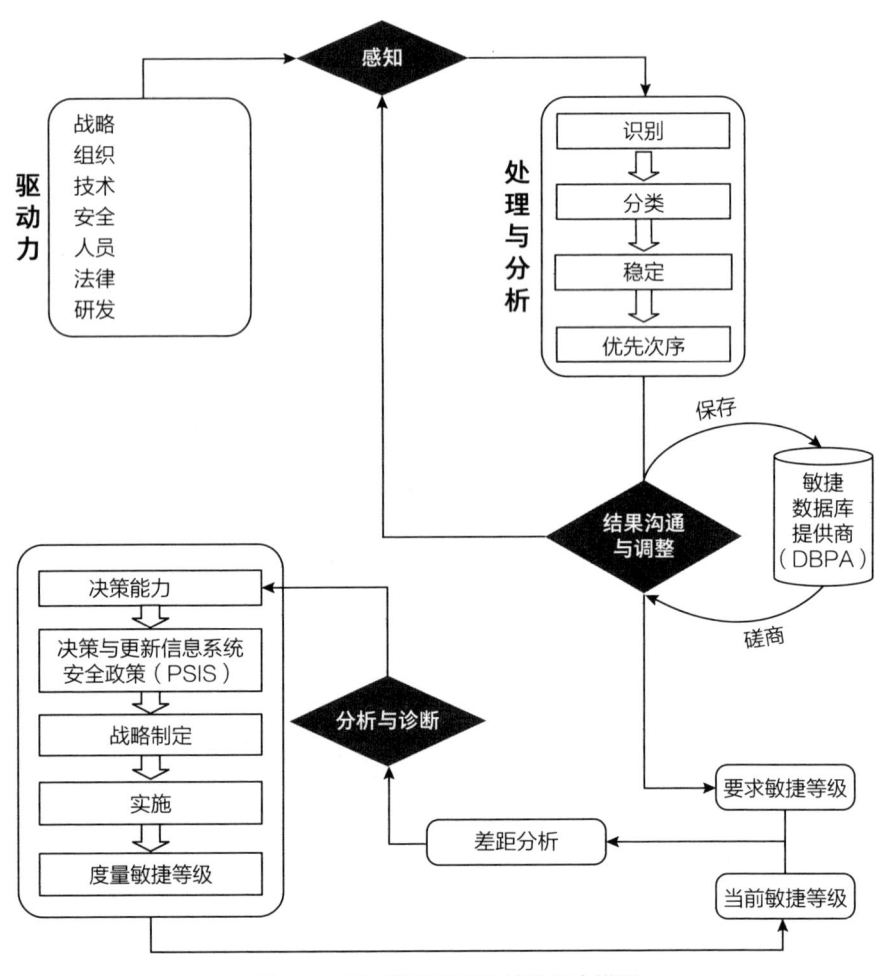

图4-13 达成信息系统敏捷的概念模型

战略、技术、人员、法律变化、组织内部背景、安全、研发、组织环境等。在第二阶段，必须确定推动信息系统变化，或挑战信息系统生命周期的驱动力。因此，当遇到这些因素时，需要快速、有效地确定敏捷驱动力，这需要对公司面临的变化进行识别、分类、稳定和确定优先次序，还要分析个别变化给公司带来的影响。

可以分析当前阶段和前一阶段的结果，以确定优势和弱点。在这个节点上，应该确定有效应对变化或压力所需的敏捷等级。信息系统所需的敏捷等级被认为等同于驱动力变化影响的等级。所需敏捷等级与现有敏捷等级之间的差距，在分析后构成了决策的补充支柱。在这项工作中，检查结果通常分为四种类型：

- 信息系统不需要响应。
- 信息系统敏捷程度令人满意，可以应对未来可能遇到的变化。
- 信息系统必须敏捷，但不是在紧急情况下。
- 信息系统必须迅速有效地敏捷。

度量所需敏捷的下一步是定义如何变得敏捷的必要能力。模型的最后阶段需要确定敏捷驱动力，它可以提供必要的能力，实施已识别的提供者的方案，确定当前的敏捷级别，最后制定纠正措施以提高绩效。需要注意的是，必须开发一些工具来支持上述模型恰当地执行。

4.9.1 感知

回想一下，环境变化的联合力量包括竞争者行动、战略变化、消费者偏好或信息系统员工技能的变化、经济变化、监管和法律变化以及技术进步。这些不同的变化，需要可信赖的人来检测关于这些类型的任何潜在变革。

例如，组织需要能够感知市场变化、跟踪竞争对手的行为、消费者偏好变化和经济变化。此外，通过政府相关部门或法律服务以感知对公司有影响的监管、法律变化是必要的。最后，需要务实的研究能力、开发能力和IT能力来检测技术进步，以及组织如何利用它们来获得竞争优势。

信息系统是公司的核心。从作用上来看，信息系统必须对影响公司及其战略的所有要素具有战略情报感知能力。今天，不可或缺的信息流必须每天收集，包括聚合器、警报、简易信息聚合（RSS）提要、社交网络、ERP等信息，用以发现机会或预测威胁。表4-3说明了组织可以采用的感知类型。

表4-3 感知类型

感知类型	时间范围	目标	实施者
科学感知	永久	科学数据库	未来部门
	长期	科学大会	战略部门
		期刊和科学评论	研发部门
社会感知	永久	政策实施者	未来部门
	长期	对文化、政治、社会和历史因素的研究	战略部门
			研发部门
			产品经理
		公众舆论	产品部门
商业和竞争感知	永久	竞技动作分析	责任运营部门
	短期	替代品、新产品的引进	
		市场事件的分析	
战略感知	短期	发现不一致	高层管理者
		会议、交易会和研讨会	敏捷团队
社交媒体感知	永久	分析与他们公司相关的当前话题的信息	市场管理者
	长期		

- 科学感知：涵盖所有可以基于科学演进（科学、技术、流程和方法）为公司带来竞争优势的领域。
- 社会感知：这种感知存在于一定数量的变化中，辨别"人口演变、文化变化……"等社会正在发生的重大变化，这些变化有可能改变或破坏公司及其环境。主要通过对文化、政治、社会和历史因素、制度、政策实施者（国家、行政部门、地方政府、工会）、舆论、法规演变和环境的研究。
- 商业和竞争感知：包括商业方面（市场、客户、商业方法等）和竞争（关于竞争对手和新进入者；产品，特别是新的替代产品与供应商和消费者的关系等）。
- 战略感知：受益于各种现有结构的协调。其中有一种划分方法是根据它们的时间范围、它们的应用领域和所需参与者的性质来区分它们。感知是一种持续的，感知不同变革驱动力的活动，例如技术社会、商业和竞争环境，这意味着组织有可能预测变化。
- 社交媒体感知：如今，社交媒体感知已成为任何想要规划和管理社交网络通信，或关注竞争对手公司的必备手段。营销经理可以分析与公司相关的信息，还可以实时地监控观点交流、讨论和发展趋势。社交媒体监控让有影响的网络交流可视化。另外，还可以通过社交媒体实时识别批评者并做出反应。

为了描述组织感兴趣、需要收集数据或信息的主题，有必要定义感知轴，目的在于关注战略因素、商业、竞争、技术、法律、监管、经济、社会等。另外，还需要确定决策者的目标，即公司的战略目标。

感知阶段必须在常规或可变数据源上进行，直接或间接对应于感知轴的信息，以提供正确的相关性。

对收集到的数据进行识别、处理和分析，这是一个分析信息，并将其组织起来让其可利用的过程。

最后，在结果沟通后的验证和重新调整阶段，允许通过深化或重新定位目标和感知方法进行调整，如图4-14所示。

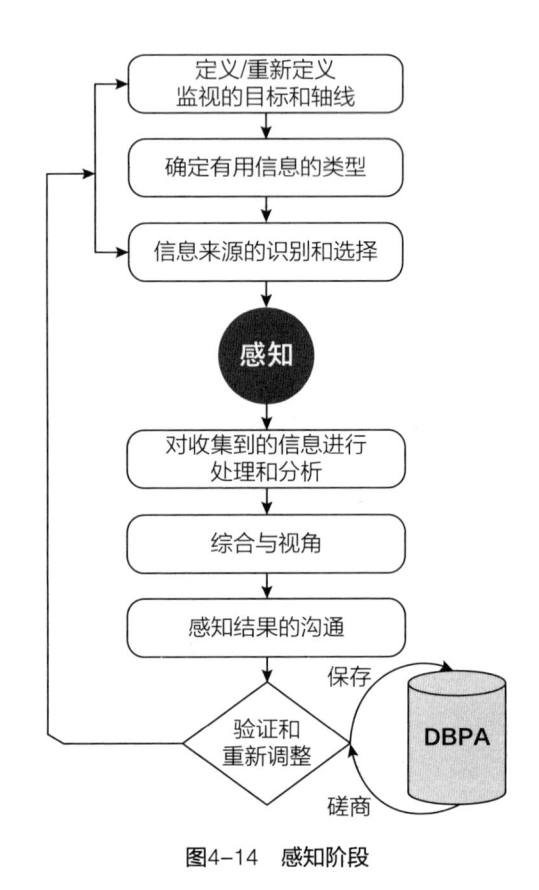

图4-14 感知阶段

4.9.2 DBPA

敏捷数据库提供商（DBPA）是能够管理每个组织、每个关键信息的敏捷提供商。建立参考对于提高组织敏捷等级，并能够在未来加以利用是非常必要的。

在结果的交流阶段，集中可用的各种信息。这将能管理和倾听每一位提供者的所有特征。建立数据库对于提高敏捷是必要的。在基于通信结果和信息相关性的方法中，DBPA将能够管理那些施加在信息系统之上的敏捷触发器的所有特征，如下：

- 识别与每个提供者相关的配置项和属性；
- 与提供者相关的所有活动的完整历史记录；
- 提供者之间关系的直观建模；
- 对信息系统、对用户的影响分析；
- 可能的解决方案和行动。

4.9.3　所需的敏捷等级

评估所需的敏捷等级核心目的是确定背景，在一些背景中敏捷是必要的，其他背景中敏捷可能意味着浪费资源。

我们估计，对于成功的公司而言，环境条件变得越来越复杂多变，组织敏捷对于公司的成功来说是必不可少的。信息系统所需的敏捷等级被认为等于信息系统内部和外部变化的程度。

评估当前的敏捷等级。

组织有必要考虑模型中标记的因素所产生的变化，包括战略、技术、人员、研发、安全和组织环境等一般因素。要评估当前信息系统敏捷度，信息系统必须主动感知组织内外部环境的需求，并充分利用机会。这些一般因素中的每一个独立因素都会分成一些子因素，因此评估工具也应该根据其相应结构来进行评估，例如顶层对应于要评估的一般领域，第二层对应于每个信息系统和组织的特定敏捷驱动力。

4.9.4 安全政策

当组织决定对其信息系统进行变更时，与此变更相关的安全评估就十分必要。为了研究每个可能的漏洞，该评估必须包括对安全政策和现有程序的明确分析，必须强调检测可能用于，或可能不会用于渗透或获取数据。

理想情况下，我们应该首先定义全面的网络安全战略和进行全面的网络风险评估，这是一个重要且必要的基本点。如果做不到这一点，我们应该考虑组织必须采用的网络安全标准，例如我们必须面对的风险和遵守的合同关系。

我们必须确保安全政策符合信息系统安全标准。我们从根本上需要编写由新需求（或新运算能力）确定的全新安全政策。

始终准确记录系统文件、软件、硬件问题和服务要求。对信息系统将要引入的技术和元素有良好的知识和支持，为终端用户支持流程、后台和信息系统中任何应用程序的备份提供足够的支持。

应该指出的是，组织的最高管理层必须达成实质性协议。否则，这将是遵守新政策的第一个障碍，必然会影响组织的安全等级。

4.9.5 所提出模型的贡献

本章的目的是提供一个用于评估和增强信息系统敏捷的概念模型，以便有效地响应组织中的任何内部和外部变化。

正如我们在敏捷方法部分看到的那样，不同的文献为敏捷概念提出了许多不同的定义，但它们并没有就一个特定的定义达成一致。我们将敏捷定义为通过利用使能者系统来应对内外部变化以获得益处的能力。

综上所述，这种方法论与以前的模型相比的主要特点是：

- 所提出的模型有一个系统性的方法来指导信息系统的方向，轻松成功地实现敏捷。
- 在此模型中考虑并确定了内部和外部变化的驱动力。
- 在这个模型中已经确定了许多因素、能力和提供者。
- 战略制定和行动计划被提及，以便从传统的信息系统转向敏捷信息系统。
- 提供多种方法来衡量信息系统在重新分析条件和设计改进计划方面获得的敏捷等级。
- 必须应用信息系统制定的安全政策，或在现有信息系统安全政策的情况下进行更新，考虑新的变更并保留信息遗产。
- 一些敏捷框架试图呈现一个更加集成和全面的模型，愿景虽然主要集中在公司的生产和技术方面，但该模型可以应用于任何组织（无论是营利组织、非营利组织、服务组织、公共组织还是私人组织）。
- 该模型表明需要一个基于知识的系统来进一步区分新的变化。
- 最后，必须经常应用度量敏捷的方法，保持信息系统和敏捷等级的协同作用，处理组织内部或外部演进出的变化。

4.10 本章总结

从战略的角度来看，敏捷有利于征服新市场、承担风险、理解新的社会和环境问题。在运营战略的层面上，它包括将利益相关者整合到业务实践中的能力，以及通过创造竞争优势的逻辑，重新评估价值链的所有连接来更好地理解业务。换句话说，敏捷必然与战略密切相关。具体点说，敏捷是关于组织、文化和管理的模型，这样可以最好地传达对反应性的需求。

本章介绍了企业信息系统中敏捷的概念、概念的产生和评估敏捷的框架。这些框架仍处于概念阶段，因此其包含的范围和理论的成熟度有限。在信息系统的整个生命周期中引入敏捷的方法论和工具，能够推动新方法并改进现有方法，将是对公司的巨大贡献。公司必须找到有效的方法，在当前竞争激烈、变化迅速的经济环境中生存发展。

第 5 章

IT服务管理战略敏捷的案例研究

为了支持业务变革转型，IT需要改进流程以实现新的IT生命周期。

现今商业世界千变万化，没有人知道即发生什么。所以提高敏捷是让组织经得起考验的最佳方法。

IT服务管理是指收集数据、分析数据、撰写报告，并通过敏捷方式实施改进的能力，管理信息化组织资产有时候颇具挑战性。不论是想要对运营做实时的监控和管理，还是想影响最终用户参与到核心流程中，或是希望减少运营成本，敏捷都是一种理想的解决方法。

在本章，本书作者提出了一个用"敏捷管理"与"安全管理"两种额外驱动力，来改进信息技术服务管理和管理流程的全面战略模型。

5.1 导言

IT服务管理工具处理了许多IT管理中的问题，其中大部分对从事相同工作的相关部门人员有较大的吸引力。用来展示系统开发和系统性能的度量指标已经被确定，有三种指标来提高评估框架的质量水平：有效性、性能和效率。这些元素可与关注于操作级别（服务支持领域）、战术级别（服务传递领域）和战略级别的技术、流程或服务相匹配。

本章旨在明确提出IT服务管理效率全面框架中的关键方面。这是从理论和实证研究中收集的，并产生了次级研究问题的答案。作者试图从文献综述和各种来源的实际环境中提取一个框架。该框架被用于影响深远的实证研究，以寻找用来比较、确定不同公司指标的方法。这些组织已变得越来越依赖于通过全面框架来控制组织中的IT服务管理，以及信息技术基础架构设施库IT服务管理的最佳实践如何影响组织效率与解决问题。

IT部门维护与确保IT环境安全的职责中包含了所有员工使用的设备，但是预算与IT资源是有限的。IT服务管理框架建议利用ITIL与IT服务管理标准（ISO20000）的最佳实践，将诸如敏捷、安全的新战略轴集成进去，提出一种高效和敏捷的IT服务管理。它通过面向用户的方法（以全面的集成来面向外围），集成了IT管理的四个原则（服务管理、安全管理、敏捷管理、资产管理），取代了传统的"控制与决策"型的IT服务方法。

敏捷是IT部门简化IT流程，全方位管理最终用户生产力的正确解决方案。目标是以面向用户重塑"控制与决策"型的传统IT服务方法（以全面的集成来面向外围）。IT服务管理提高了各业务部门之间的沟通效率，并为IT服务规划、研究和实施提供了框架。组织中IT服务管理的需求也许会因为业务方式、沟通方式的变化而变化，另外还有发展与创新、获得市场优势、在客户侧体现差异化也会改变需求。此外，IT服务管理让企业内部遵循一套国际标准开展治理。回顾IT服务管理组件将使你更好地理解IT服务管理在组织中的意义。IT服务管理组件包括流程、技术、人员、组织，以及为提高系统安全性能近期被加入组织建设中的安全。

前文提到过，IT服务与IT服务管理的四个基础有关联。因此，当IT与业务战略和组织对齐时，能做很多想做的事。再者，IT与新技术的赋能，使组织能够做到以前不可能做到的事情。所得到的战略结果是整体业务从主动的IT服务中获益，而且整合到公司业务规划中的IT利益将获得最大的经济价值。

在有关于ITIL、ISO20000或是COBIT的文献，甚至是参考文献中都没有组织中可用于IT服务与资产管理的实用、具体、敏捷的模型。在这项工作中，我们提出了一个支持IT服务管理的全面、实用、敏捷的框架。本文提出的框架超越了现有方法及参考文献的局限性，满足了国际标准改进IT服务管理流程灵活性和敏捷的需求。这个通用框架对实施敏捷、安全和理想IT服务中心的任何组织都有效。我们通过采用了基于DevOps与戴明环（PDCA）的持续改进流程来度量这个框架。

5.2 IT服务管理

在过去20年里，IT服务管理相关框架已经为IT运维领域的IT服务管理提供了更好的系统方法，做到持续改进、实施和设计。比如，不同的研究集中在采用IT服务管理作为"特定服务导向的最佳实践"。2009年，大约45%的美国公司在使用IT服务管理，15%的公司在准备使用IT服务管理。IT服务管理是某种试图确保客户需求和期望始终得到满足的高质量客户服务。

汉克（Hank）在2006年的《ITIL：是什么，不是什么》（*ITIL: What It Is, And What It Is Not*）一书中，研究了那些实施ITIL最佳实践的企业成功案例。他描述了服务支持与服务交付并阐述了其对ITIL最佳实践的影响，也许其本身并不突出，但是用于其他实践中也许会很成功。他定义了三种重要的任务：通过过程成熟度框架（PMF）设定合适的目标，通过质量管理体系和项目管理进行严格的审计和汇报，以及一个支持ITIL使用的持续服务改进项目。此外，他还提供了更多与业务对齐的IT流程，以及战术和操作组件持续改进的方法，特别是那些客户和用户关注的服务质量流程。

除了提高IT服务管理领域效率的工作外，还有一个重点放在IT框架和钢铁制造企业服务战略流程（SMC）的真实案例研究。姚和王是一家制造业企业的两位员工，他们使用COBIT和ITIL最佳实践来实施和改进IT服务管理框架。他们在SMC中引入了一种服务战略评估框架，为不同的评估流程提供指标，以改进ITIL实施的结果，增强已变化的IT流程改进。他们使用这些方法来发现SMC中业务与IT对齐的问题，这些方法旨在与IT社区一起尽量降低业务与IT对齐的难度。

巴尔托利尼（Bartolini）等人提出了一种基于业务目标的IT管理方

法，这是一种通过在IT服务管理中定义一个决策支持的新系统来确保业务战略目标与IT对齐的独特方法。它在操作层面和战术层面上，与ITIL组件密切相关。

米齐亚尼（Meziani）和萨利赫（Saleh）在《电子政务：面向ITIL的服务管理案例研究》（"E-government: ITIL-based Service Management Case Study"）一文中，基于ITIL治理——关于ITIL标准的差距分析方法，为政府机构制定了一套可持续改进IT流程的服务管理自我评估方案。

库姆巴卡拉（Kumbakara）在《管理IT服务：IT标准的作用》（"Managed IT Services: The Role of IT Standards"）的文章中，探讨了基于标准和由外部或外包服务商提供IT服务管理的实际问题。目的是让IT组织认识到用统一标准来管理IT服务的重要性。

格伦贝根（Grembergen）和哈斯（Haes）阐述了一套关于IT管理控制和信息技术保证的最佳指南和实践（COBIT框架），并围绕基于34种IT流程的逻辑框架对其进行分类。

马罗内（Marrone）和科尔比（Kolbe）研究了有关服务管理的操作和战略优势。研究结果显示，ITIL的实施已带来了很多好处，比如业务与IT对齐的成熟度水平。

威尔科克斯（Wilcocks）在他名为《信息管理：信息系统投资评估》（*Information Management: The Evaluation of Information Systems Investments*）的书中提出了在售前阶段从战略层面评估实践的不同方法。安格（Ang）在《资产管理：因素投资的系统方法》（*Asset Management: A Systematic Approach to Factor Investing*）一书中，全面介绍了一种用于解决IT资产管理中如何管理成本这个长期问题的新方法。洛温斯坦（Lowenstein）和斯莱特（Slater）在最近的著作《通过战略资产管理降低测试成本》（*Reducing the Cost of Test through Strategic Asset Management*）中探讨了如何平衡构成资产管理的三个基本方面，并聚焦于如何实施降低测试总成本的策略。

大多数IT服务管理组织认为服务支持流程是一项困难的任务。主要是以下原因：

- IT组织缺少结构化的方法去度量IT服务与IT服务管理流程。
- IT服务支持团队所运用的多样化工具无法进行有效的度量。
- IT服务管理标准与框架没有提供如何度量支持流程的实践案例。

因此，IT组织需要一种可用于来度量IT服务支持流程的结构化的方法，比如ITIL 4或是其他可靠的资源来提高IT服务质量。所以，在IT服务管理可持续改进中，服务支持流程的实施被赋予了较高的优先级。

IT服务管理中的敏捷

正如第4章所讨论的，在信息系统的研究中敏捷概念是在20世纪90年代初引入的。敏捷方法在计算机开发和研究中取得成功之后，灵活性和敏捷性的概念与更广泛的挑战联系了起来。也就是将复杂的计算机系统与出乎意料的变化结合起来，比如那些出人意料的用户需求、业务流程、企业架构、战略、市场和整个社会。2000年初，重点转向了信息系统的其他特性，通过IT、信息系统开发方法和信息系统外包实践来解释敏捷。

我们认为相关文献缺少对敏捷的独特定义。敏捷研究（信息系统敏捷）在几个不同的方向轴上开展。

在IT管理系统中，依然还是缺乏关于敏捷的研究。尽管IT职能在各个维度的灵活性和反应度都提高了，但IT系统功能依然处于失败边缘，必须具备能力以更快地适应业务需求、市场需求，并让信息系统和组织的战略对齐。敏捷是应对内外变化的最佳解决方案。DevOps是一套最佳实践和变更指导，可以确保开发、保障、质量改进和运维，以更好地响应客户的需求。为确保竞争力，组织必须加快交付，这是敏捷应用程序和软件开发流程背后的主旨，现在敏捷被应用程序交付团队广泛使用以缩短交付周期。DevOps可以应用于IT服务管理中，确保组织中IT服务管理的高效和灵活，并从中获得收益。最近的研究认为，有效的技术管理对商业竞争的重要性超过了以往任何时候。

几十年来，技术主管们一直在努力去平衡敏捷、可靠性和安全性。本书不着重研究工具，比如样例代码、算力或配置管理之类的基础设施。我们则强调人、文化和流程。本书创造了一种描述DevOps的通用语言。我们向领导者和从业者展示了如何重现这些令人难以置信的结果，展示了如何把IT运维、开发、产品管理、质量保证和信息安全集成在一起，促进业务赢得市场。DevOps帮助组织把关键参与者（公司、应用程序和运维）聚集在一起，重点关注协作、自动化和监控，提高应用程序交付速度。以下是一些DevOps帮助产生商业价值的方法：

- 获得竞争优势。加快生产中应用程序的输出的内容以更快地响应业务需求。
- 提高IT资源的效率。自动调配和部署资源。去除手动流程。
- 实现更好、更快的决策。创建一个即时反馈回路。识别流程中的早期问题。
- 紧跟业务需求。迅速把新应用程序和更新引入市场，吸引新的、满意的客户。

萨希德等人在2019年提出了一个全面、实用的战略框架，引入了基于DevOps和敏捷PMF的两个额外的敏捷管理驱动力来改进IT服务管理流程。

没有说明书告诉你如何在工作中采用敏捷的方法。基于这种认知，我们需要一场文化变革。最重要的是让公司张开双臂拥抱变化。传统上，我们总是试图限制变化：我们创建一个时间表，然后尽可能地坚持下去。在敏捷的精神中，我们假设计划最终会改变，我们不再一味遵循不去变化。目标是明确的，但走向它的道路是可以改变的。保持敏捷意味着遵循一个持续改进的过程。

ITIL的版权方Axelos于2019年发布了ITIL的新版本ITIL 4。这个新版本结合新技术挑战和新运营模式，如敏捷、精益或DevOps，重新设计了已经确立的IT服务管理原则。这个新版本鼓励组织打破筒仓效应，促进组织内的协作和沟通，适应新的IT趋势。ITIL还鼓励其从业者保持实践落地和高效落实，但这也让人们认识到，太多的组织过去曾试图实施ITIL，可能使IT服务管理变得复杂和不灵活。

在这个新版本中引出了新的概念，比如价值服务体系，它是一个适应于敏捷、DevOps和精益概念的共同创值体系。

ITIL 4提出了一个应用于价值服务体系（SVC）所有要素（如实践等）的可持续改进模型。该模型旨在成为支持改进计划的高级指南，其高度关注客户价值，并确保其与组织愿景的一致性。该模型基于敏捷原则，引入了一种迭代方法，并将任务划分为可逐步实现的目标。

ITIL 4提供的框架紧跟趋势，如敏捷、精益IT、DevOps和云计算。它建立在ITIL最初的理念基础上：从最佳实践中汲取灵感并把它们应用在最适合的场景中。

ITIL 4没有提供将敏捷与IT服务管理相结合的实用框架，所以本章的主要目标是提出一个基于ITIL 4最佳实践和敏捷概念的IT服务管理实用框架。所提出的框架将改善现有方法及参考方法的局限性，并在改进和增强IT服务管理过程的敏捷和灵活性方面满足了国际标准的需要。这个通用的框架将帮助所有类型的组织建立敏捷、安全和理想的IT服务中心。该框架采用了基于DevOps和PDCA质量管理方法的持续改进流程。

5.3 提出的IT服务框架

5.3.1 框架概览

IT服务管理提高了业务部门的沟通效率,并为规划、审查和实施IT服务提供了一个框架。组织中IT服务管理的需求会通过运营、沟通和业务开展的方式改变,也通过企业发展和创新的方式改变。提出的IT服务管理框架运用基于ITIL、COBIT和ISO20000的最佳实践,并整合了新的战略方向,如敏捷和安全管理,以提供高效和灵活的IT服务管理。它以一种完全集成、面向用户、基于IT管理四项原则(服务管理、资产管理、敏捷管理和安全管理)的方法,它取代了传统的面向IT设备的方法。提出的成熟度框架是一套经过验证的管理实践、评估方法和改进策略,涵盖了4个IT能力、22个目标和80个控件。

提出的框架将IT活动分为以下4个高级活动类别:

- IT服务管理提供监督结构来支持服务。实施IT服务策略、流程和控制。管理突发事件、问题和变更。定义服务级别。优化可用性并管理供应商的能力和需求。
- IT资产管理提供资源管理,提供资产预算、工具和资源,并度量资产投资的资源效率。在其整个生命周期中管理资产和数据。

- IT安全管理为管理IT安全服务、风险控制配置文件、安全威胁等实施度量，以及评估优先级、处理和监控与安全相关的风险。
- 敏捷通过实施快速和有效的变更，来提供响应频繁和不可预测的变化的能力。该方法基于DevOps的三个组件（人员、流程和技术）。

如表5-1所示，这些高级活动类别被分解为22个IT控制目标。

表5-1　所提到的框架功能

IT服务管理功能	控制目标	说明
IT服务管理	自助式服务台	提供单一联系点（SPOC），使用户联系到IT支持部门
	突发事件管理	确保尽快服务的正常进行，并将业务影响降到最低
	问题管理	问题管理。问题的识别和分类
	变更管理	变更管理。状态变更跟踪和报告
	发布和部署管理	安装和许可解决方案和变更
	体验等级管理	定义和管理服务级别，根据客户体验监控和报告服务等级协议
	可用性管理	优化IT服务、IT基础设施、组织的可用性和可靠性，以满足业务需求
	容量管理	确保在正确的时间、以合适的价格和准确的数量交付IT架构，以保持符合业务需求的服务质量
	资产配置管理	通过重新审视建立在业务上的IT组织来支持复杂的IT管理
IT资产管理	资产入库与清算	定义跨企业网络的资产管理能力，无论是在公司当地还是在远程位置
	配置管理	管理在系统生命周期中所做的所有变更
	IT财务管理	帮助企业评估其IT服务是否作用最大化
	资产生命周期	跟踪IT资产，如笔记本电脑、台式机、打印机和组织内的其他耗材

续表

IT 服务 管理功能	控制目标	说明
IT安全管理	IT服务安全管理	建立并培训事件响应团队，以识别和限制风险暴露。在整个生命周期管理用户对信息的访问权限，包括授予、拒绝和撤销访问权限
	IT资产管理	实施措施以保护物理和虚拟的所有IT组件，如客户端计算设备、服务器、网络、存储设备、打印机和智能手机
	漏洞和风险管理	识别安全相关的风险，量化其可能性和潜在影响
	合规性管理	将安全评估结果与规范要求进行对比
IT敏捷管理	战略和流程	评定组织的业务计划、价值和目标的清晰度
	结构的灵活性	在业务需求提升时管理组织资源，并评定组织的规模是否匹配现有需求
	技术体系的前沿性	使用最先进的技术和先进的系统来改进流程
	员工的技能与胜任力	通过培训来提升组织中员工的技能。无论组织是否具有适当的沟通、技术和管理能力，都要激励和稳定杰出员工
	敏捷的组织	评定基于业务需求的协调能力和灵活性

5.3.2　框架成熟度简介

在重要的现代组织中，不再可能通过临时管理或者仅部署技术解决方案来管理IT服务和资产。相反，这些组织需要一种可以在整个组织中应用敏捷管理和良好治理的整体方法，通过这些方法，所有级别都共享可见性、责任和义务的基本价值观。该框架为每个IT服务管理能力定义了可以用于理解其基础的四个成熟度级别。评估范围仅涵盖服务运营和服务转换的关键过程。数据来源于访谈、工作坊、文献和现场访谈。基于时间的评估旨在确定每个ITIL流程的成熟度级别。根据收集到的回答，使用电子表格显示评分（更多细节见研究方法部分）。

5.3.3 目标模型

第0级-无：没有流程或文件，没有标准和工具，没有资产管理。对这一级别我们不想花费太多时间来描述，因为它没有系统的服务和资产管理。此级别不考虑IT服务管理项目集的其他属性，如治理、人员配备、流程、政策和参数。因此，成本和风险都很高，延迟多，服务质量较低。面对环境变化，这种IT服务管理方法并不敏捷。

第1级-初始级：这一级别的特征是对IT服务战略、流程和标准有临时的定义。物理环境和IT资产组件仅在本地处理。该组织的能力不足，不满足运营要求。对信息安全的预算没有清晰认知，也没有对安全风险的系统管理。安全事件以特殊方式进行管理。IT服务管理是静态的，不敏捷不灵活。我们参加的大多数IT服务管理项目启动会的公司就在这个初始级别。在这个级别，成本和风险都很高，延迟时间较长，服务质量也很差。一般来说，当最终用户没有资源来支持他们时，他们很难有效地完成他们的工作。由于人员缺乏相关IT服务管理专业技能，大多数公司通过内部培训来解决这个问题。项目需要多少人没有确切的数字，在项目实施的早期阶段这个数字往往非常高，因此如果劳动力需要共享，利益相关者的支持是至关重要的。

第2级-基础级：这一级别反映了核心业务战略、IT战略和风险管理在响应个人需求方面的联系。它通常还包括重大事件之后IT服务管理政策和标准的制定和审查。IT组件和资产环境指南正在出现。管理整个生命周期中IT服务、资产和数据安全的流程正在出现。重大事件、问题和变更被追踪和记录。整个流程的开发、实施和管理都基本让人满意。虽然管理流程被识别和记录下来，但IT组织作为一个整体，并没有意识到它的作用。

第3级-已定义级：这一级别的特征是有与业务和IT战略对齐的详

细IT服务战略。根据已定义的流程和定期反馈，制定和修订IT服务政策和标准。IT和一些其他业务部门已经认可了IT组件和物理环境安全措施。IT预算流程为IT部门和其他一些业务部门提供重要的信息安全预算请求。有积极主动的安全风险管理流程。访问权限需要根据正式的审核才能被授予。实施了详细生命周期数据的安全管理流程。紧急情况下的安全事件，在IT和其他业务部门的共同协议下处理。IT部门临时参与预算制定。对工作人员进行临时的培训。投资仅考虑短期回报。

第4级–已管理级：这一级别的特征是定期改进。IT服务管理策略与公司的IT战略和合规要求相一致。政策通常关联最终用户的行为，例如，推送用户关于硬件设备的物理安全、软件下载、软件副本等用户接受度较高的信息。这些政策必须同时应用于IT用户和最终用户，具有管理员权限的IT员工必须被告知，因为他们可能会产生与最终用户一样的风险。在一些组织中，例如，在被高度监管的行业组织中，很容易产生遵从政策的企业文化。然而其他公司，如工程公司和IT公司，永远无法控制用户的行为。在这个级别，成本和风险相对以前更可见了，因为每年都会计划。而且，延迟较短，服务质量也正在提高。公司对IT有信心，最终用户觉得自己拥有资源而变得更加有效。组织的敏捷也被管理了。定期的员工培训、提高意识和广告宣传也都有明确的定义。

第5级–优化级：这一级别的特征是高效的IT服务管理。组织已经解决了许多让IT经理半夜被迫起床的问题。以前的反应性问题已经得到解决，治理和政策也都不再是问题。这个级别的重点是根据IT服务管理数据调整IT财务管理，以使各种战略决策活动支持业务敏捷，但不一定依赖于IT服务管理。最好是业务部门甚至都没有意识到后台在进行计算。要实现这一级别的敏捷，需要通过切实可行的IT服务管理与业务服务紧密关联。在这个级别上，成本和风险被监控并每月调整，延迟是短期的，服务质量很高。业务和IT保持目标一致。

5.3.4 敏捷管理

公司意识到在数字化时代他们需要更快速、更有效地提供战略响应，这需要整个公司保持敏捷。IT服务管理团队已经开始专注于改进或构建一致的、可重复的流程，以减少停机、提高生产效率。IT服务管理框架内的有效举措可以将业务服务的交付和管理扩展到计算领域之外。服务管理团队开启咨询模式，集成的流程让IT服务管理能够敏捷地支持公司战略。

除了解决方案和流程之外，IT服务管理在支持DevOps实践和目标方面发挥着关键作用，如事件管理、应用程序部署和性能管理等。新型敏捷IT服务管理的概念与实施是一个真正的挑战。DevOps模型连接了人、流程和技术，以确保IT服务的持续改进，如图5-1所示。

图5-1　DevOps敏捷：持续改进以协调人、技术和流程

流程管理：技术管理一直是IT的核心要素，大多数IT组织意识到技术方面的服务提供的很差。如果出现问题，IT应准备好尽快恢复服务。明确角色和各自的职责，对故障恢复非常重要。参与服务交付和支持的所有人员都必须没有混淆且避免延迟。这种能力可能是IT组织作为服务

提供商信誉的关键。这些情况都是流程问题的示例。重大的商业成功全部基于组织完成了流程化。

人：很明显，不从人出发，优化过程是没有作用的。然而"人"这个组件，不仅仅是指流程再造以及流程管理对IT员工有什么影响这么简单。它还指能力、态度、员工必须承担的新角色和责任。为了让IT组织从科技公司逐渐转变为服务商，以上提到的"人"的方面必须转型。在支持流程管理与变更的过程中，IT员工的技能必须改变或通过教育和培训来提升。然而，仅凭新技术的使用并不一定会导致成功的IT转型。还需要改变态度，使整个IT部门更加以客户为中心、面向服务，与组织的业务目标保持高度一致，如表5-2所示。

表5-2　高效IT服务管理所需的新技能和态度

改进前的 IT 服务管理	改进后的 IT 服务管理
用户	客户
内向型	外向型
关注技术	关注流程
临时流程	合理、精简的流程
竭尽全力	可度量、可靠的流程
完全内部	平衡内部和外包
碎片化、烟囱式	集成、端到端
被动	主动
运营经理	服务经理
系统技能	倾听技能

在实践中，这意味着IT组织必须：

- 将服务的使用者视为客户；
- 扩大对技术的关注，包括突出服务解决方案；

第5章 IT服务管理战略敏捷的案例研究

- 实施可度量、责任明确的流程；
- 平衡内部解决方案开发与外包开发；
- 定义并发展组织级、面向服务的结构、角色和职责；
- 以用户为中心的技能来强化传统IT系统。

要在整个IT组织中实现这些技能和态度的改变，需要一个明确的针对流程和技术的培训项目。在大多数情况下，组织可以聘用一个了解这些需求、能够量身定制计划的咨询顾问，从他身上获益。一般来说，一旦新的流程被实施，并且有了可度量的和可汇报的结果，人们的态度就会转向以服务和以客户为中心。当然，IT领导力也对员工态度产生重大影响。

技术：新的或改进的IT流程的正常运行，通常需要对现有技术进行重大改变，并将新技术集成到现有的IT环境中。IT还需要运用特殊工具的关键技术来支持自动化流程，简化企业IT管理的集成和流程间通信。

除了关键技术外，全局性的IT服务管理解决方案可能还需要其他工具，例如：

- 允许公司查看其互联网基础设施、模拟和监控业务活动；
- 监测和分析电信服务的影响和质量；
- 通过提供准确、及时的服务报告，或创建门户视图，让服务对客户可视化。

IT部门需要识别出那些可供客户自定义选择的最细节部分的工具，简化实施、降低成本和改进流程。例如，购买已与配置管理、事件管理、支持系统和服务管理系统集成的变更管理系统。在处理变更订单时，可以从配置和更新管理中自动检索IT基础结构上的过去、当前和未来的数据。过去事件的数据可被快速的收集，这大大减少了对特定变更的审查和批准时间。当同样的数据也用于问题管理，专家可分析趋势并避免未来的服务中断。同时，变更管理和事件管理人员可以通过问题数据，提高质量和做决策。支持人员可以快速确定呼叫者的服务级别并升级设置，从而提高客户满意度。

为了解核心开发和IT运营流程的DevOps成熟度，我们提出了一个经过验证的DevOps成熟度模型，该模型基于业务战略中采用的DevOps敏捷模型经验，旨在加速创新和满足市场需求，如图5-2所示。该模型

第一级：初始级	第二级：定义级	第三级：管理级	第四级：度量级	第五级：优化级
• 贫乏 • 临时 • 无正式文档 • 不可预测 • 不受控制 • 没有自动化 • 多个帮助台 • 最少的IT运营 • 用户/客户呼叫通知	• 临时应急 • 一部分人共享了决策 • 流程有管理，但没有标准化 • 没有中心化的基础设施 • 桌面软件分散 • 初始的问题管理 • 警报和事件管理	• 协作 • 共享决策 • 分析趋势 • 设置阈值 • 跨IT服务管理生命周期的中心化的自动化过程 • 成熟问题，配置变更，资产管理 • 流程在整个组织中标准化	• 测量基于协作的流程以识别瓶颈和低效环节 • IT作为服务提供者 • 度量服务和资产成本 • 确保服务水平协议和运营水平协议(SLAs/OLAs) • 度量和报告服务可用性 • 整个IT流程和绩效的可预测性和可视性 • 度量了IT服务和资产安全的影响	• IT作为战略业务伙伴 • 有效的知识分享和个人授权 • 自服务 • 自修复 • 自主学习 • IT和业务度量连接 • IT业务改进了业务流程风险和成本优化 • 优化了IT服务和资产安全的影响

基于DevOps的IT服务管理敏捷成熟度模型

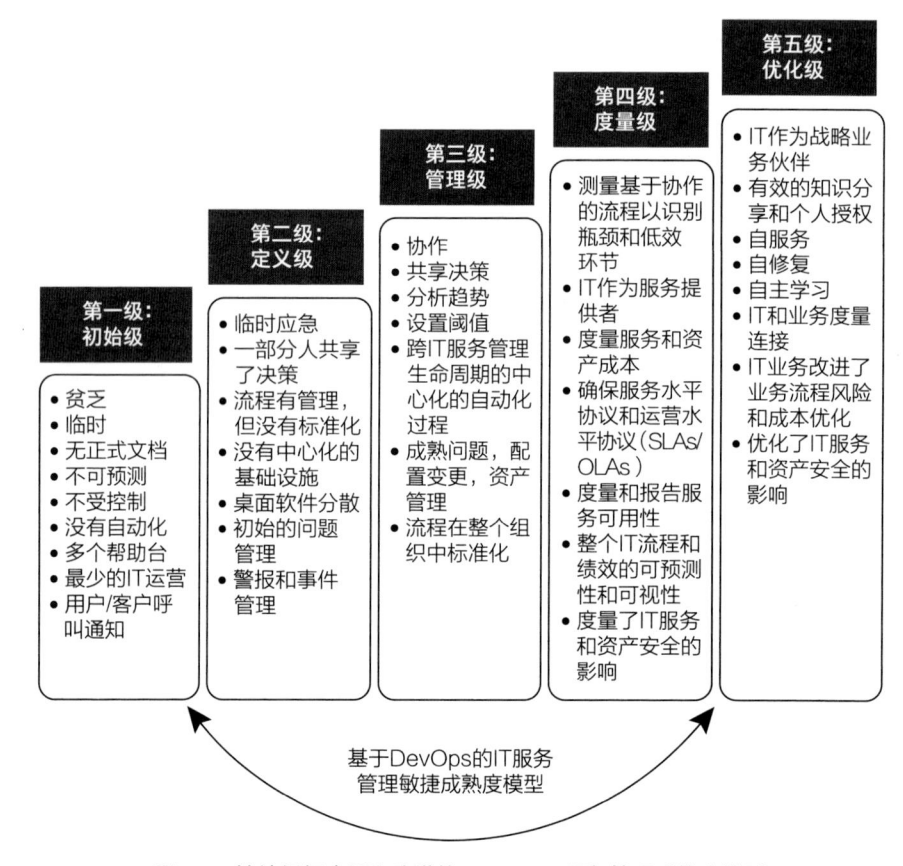

图5-2 持续组织度量和改进的DevOps-IT服务管理成熟度模型

从以下几个角度解析DevOps：IT服务、流程、资产、IT自动化、IT协作，并贯穿了一系列DevOps-IT服务管理环境中有明确定义的状态。在图5-2中描述的DevOps成熟度模型展示了实现组织关于IT服务管理标准化、IT自动化工具、IT协作方法和最终IT用户安全管理等组织成熟度等级的"路线图"，以及对持续IT服务运营和组织变革改进机会的洞察。

5.4 应用案例

本节我们将学习一个敏捷模型的应用案例，该案例同时也作为确定组织中IT服务管理实践的试点项目。这个能力成熟度框架被运用在有1000多个用户的摩洛哥港口服务中心，该信息系统部门有40名不同背景的员工。目的是研究IT服务实践，并评估组织通过实施敏捷框架将传统IT支持转变为全球化敏捷IT服务中心的能力。图5-3显示了为了在组织中最终实现而提出的IT服务管理框架结构。

数据收集：调查问卷分几个阶段进行。基于不同理论假设的第一个版本已被开发出来了。第一个版本已经通过IT服务经理和咨询顾问的测试。为了提高预测试的答案质量，还调整了一些问题的表述，以便大家能更好地理解问题。最后，调查问卷总计100个问题，涵盖以下4个主题：IT服务管理成熟度、IT资产管理成熟度、IT安全管理成熟度和敏捷成熟度。表5-3显示了组织人员和营业额，表5-4描述了参与者的统计数据。

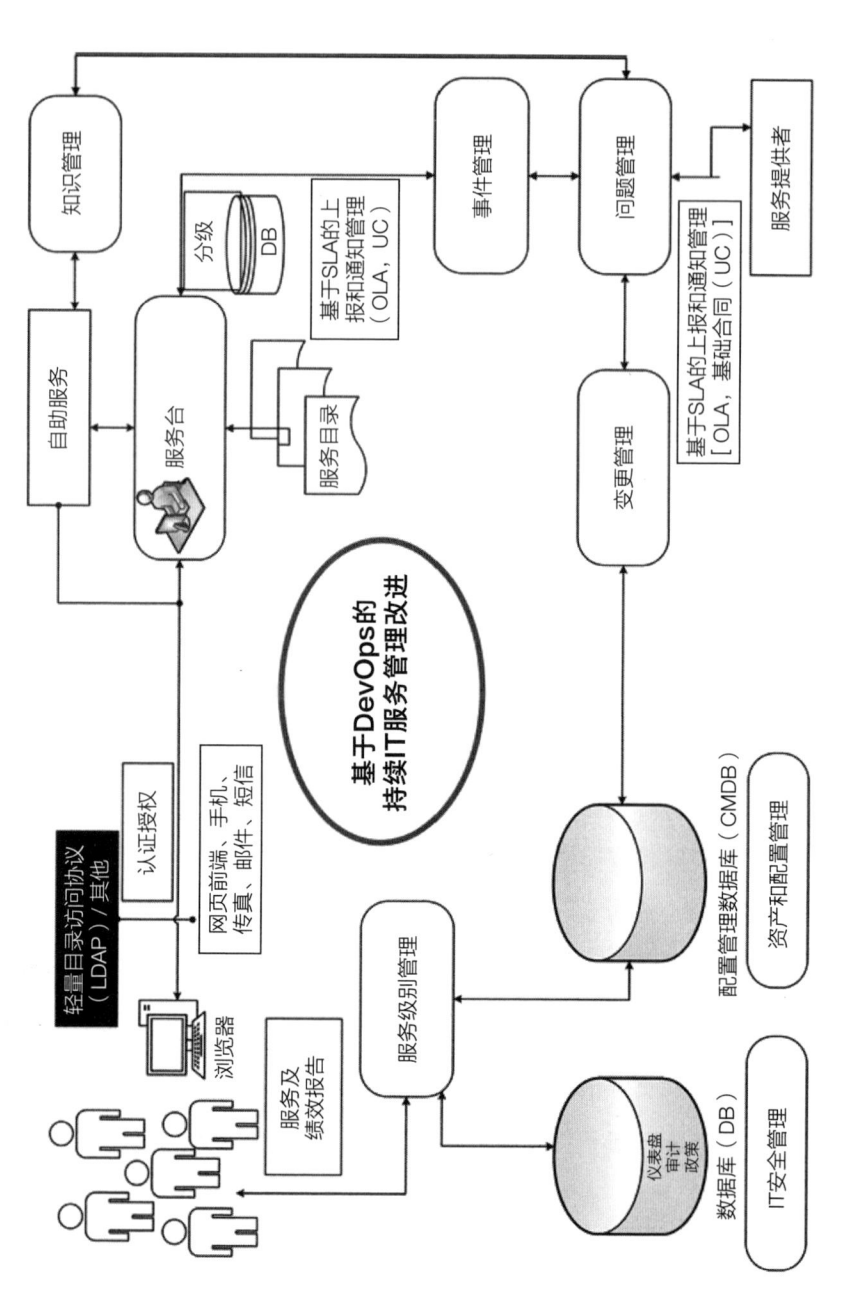

图5-3 建议的敏捷IT服务管理框架

表5-3 组织工作人员和营业额

公司在2019年的规模（雇员数量）		超过1000人
职位和人数（2019年）	高级执行管理者	366人
	执行管理者	95人
	监管人员	415人
	合格的非监管人员	146人
	非监管人员	79人
公司过去五年的营业额和收入演变（美元）	2014年	超过140万美元
	2015年	超过150万美元
	2016年	超过170万美元
	2017年	超过180万美元
	2018年	不到200万美元

表5-4 参与者的统计数据

参与者	数量（人）	百分比（%）
男性	68	68.42
女性	36	31.58
高级管理人员	17	14.91
高级经理	23	20.18
IT经理	7	6.14
顾问/工程师/分析师	13	11.40
IT技术人员	19	16.67
帮助台技术员	7	6.14
质量保证/质量控制	15	13.16
其他工作人员	13	14.91

数据分析：我们使用附录A中的调查问卷来做数据分析。调查问卷包括了提出的IT服务管理框架的不同目标和控件。我们使用已有的成熟

度软件对过程和成熟度进行自动评分。该处理方法包括计算基于所选择的响应和组织中每个函数的效率系数所获得的分数的加权平均值。问题也从是非题更改为图5-4中所列的与成熟度相关的四个选项。表格包含问卷中每个问题的上下文答案。由公式可计算平均值，得到IT服务管理的成熟度水平的数值结果（0至5或以百分比表示）。

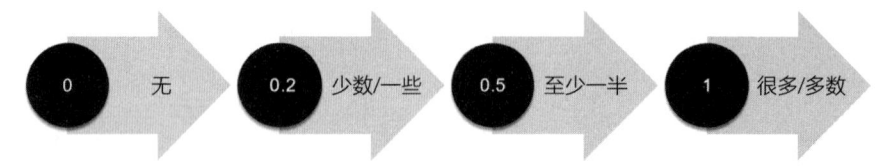

0　无　　0.2　少数/一些　　0.5　至少一半　　1　很多/多数

图5-4　评估分数

案例描述：为了能够满足提出的IT服务管理框架的要求，所有员工都必须重视并能参与进去。为了达到这个目的，质量部采取了一系列战略行动。这些行动基于DevOps的敏捷模型来设计。受戴明环和DevOps的启发，我们将报告分为发现、操作、行动和优化（DDAO）四个方面，如表5-5所示。我们的目标是开发一种高质量的方法来持续改进IT。首先检查组织服务管理层面的所有功能和运营需求，包括从服务管理、资产管理和IT安全管理方面来看的组织成熟级别实施路线图。我们定义了一种基于DevOps的敏捷方法，来确保流程、服务、安全和组织的持续改进，和对组织业务的贡献。

表5-5　持续质量改进

发现	操作	行动	优化
愿景与战略	评估	组织	绩效管理
审计	战略规划	流程	基准
关键绩效指标	产品路线图	工具与技术	持续改进

发现：接下来的部分引入了现阶段IT服务管理的实证研究。IT经理表示，ITIL的不同部分被并入了IT支持、服务台服务级别协议（SLA）、事件和问题管理、部署、资产业务、活动、运营维护等领域。另一个可以衡量的方面是通过每年的调查（基于流程和维护对象的级别）进行服务改进，对系统的整体性能进行监控和改进。

IT服务管理评分：根据附录B中所示的IT服务管理成熟度评估路线图对IT服务管理进行试点评估，以确定当前的成熟度等级并定义组织所需的级别。如图5-5所示，显示了当前的IT服务管理成熟度等级。成熟度分数1表示初始级（临时的），分数5为成熟度等级的高分（最优的）。

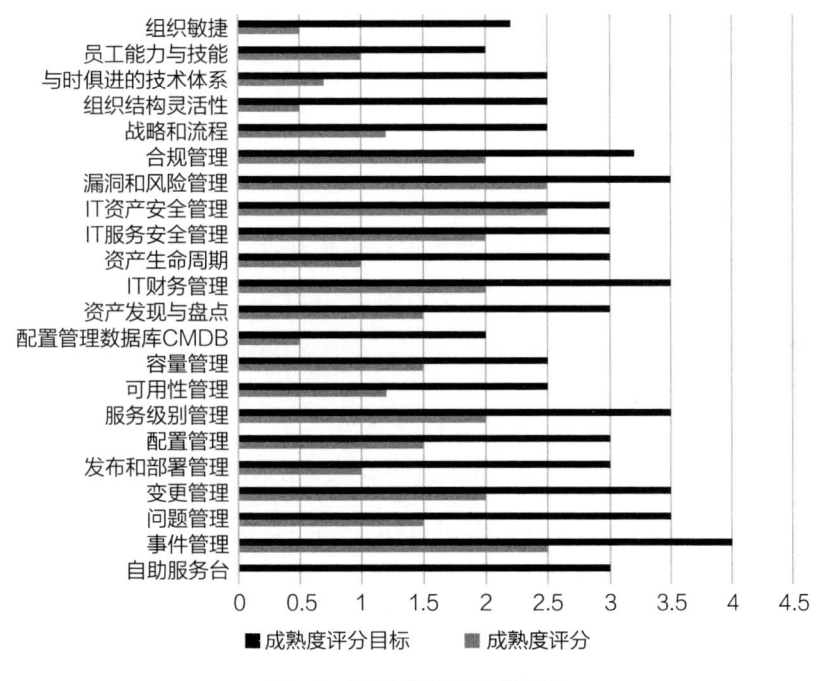

图5-5　IT服务管理成熟度评分

如图5-6所示，IT服务管理成熟度等级仍然在初始阶段，并不断重复第1级和第2级，目标是建立服务管理，实现第4级。

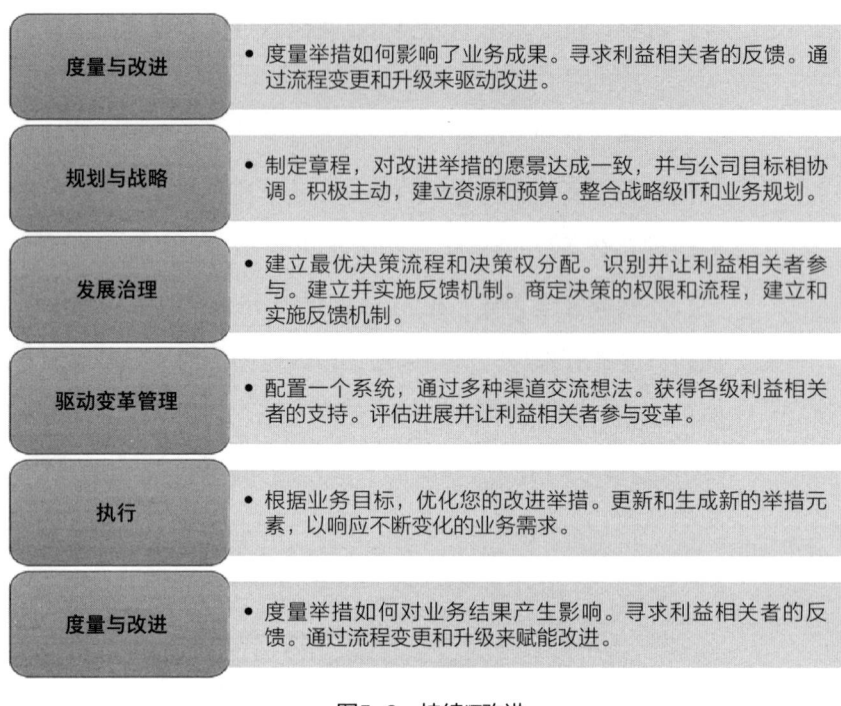

度量与改进	• 度量举措如何影响了业务成果。寻求利益相关者的反馈。通过流程变更和升级来驱动改进。
规划与战略	• 制定章程，对改进举措的愿景达成一致，并与公司目标相协调。积极主动，建立资源和预算。整合战略级IT和业务规划。
发展治理	• 建立最优决策流程和决策权分配。识别并让利益相关者参与。建立并实施反馈机制。商定决策的权限和流程，建立和实施反馈机制。
驱动变革管理	• 配置一个系统，通过多种渠道交流想法。获得各级利益相关者的支持。评估进展并让利益相关者参与变革。
执行	• 根据业务目标，优化您的改进举措。更新和生成新的举措元素，以响应不断变化的业务需求。
度量与改进	• 度量举措如何对业务结果产生影响。寻求利益相关者的反馈。通过流程变更和升级来赋能改进。

图5-6 持续IT改进

该组织的IT服务管理经审核被评定为初始级别。资产管理是手动的，这会对成本产生负面影响，增加风险，削弱服务质量。改进目标是定义一个能使组织自动化并有效地管理其IT资产的战略，使组织的成熟度评级能处于第3级（已管理级）。

IT安全成熟度运行于基础级和中间级之间，这证明了该组织已经意识到IT安全问题。改进目标是提高IT服务管理安全级别，并成为组织信息安全总体治理的一部分。

目前的敏捷成熟度等级显示了该组织承诺的巨大缺口。管理上的灵活性、技术、流程和人员等方面的特点是一个基础的水平。IT部门无法应对环境和技术上的变化。改进的目标是实施一个基于DevOps的可持续改进战略，根据成熟度第3级的水平来提供灵活和敏捷的IT服务管理。

制订改进计划： 框架评估的输出结果帮助理解推动改进所需的行

动,并使组织能够系统地从当前状态提升到目标成熟度。这是通过实施一系列经行业验证的实践来实现的,这些实践让组织逐步改进,使用一些行业验证的指标来监控和跟踪进度。附录A包括了重点优先改进的四个目标的实践样例和指标。对于每一个目标实践,该表概述了当前报告的成熟度,以及过渡到下一个成熟度状态所需的实践。请注意,为了实现如附录B所示的成熟度的提升,额外的实践也是允许的。

为了达到所需的成熟度等级,在每一个阶段该组织都实施了一些项目。在项目的第一阶段(0~12个月)采取了如表5-6所示的措施。

表5-6 第一阶段(0~12个月)达成预期成熟度等级的预期目标集

IT服务管理功能	预期目标(0~12个月)
IT服务管理	使用基础流程控制支持中心
	提高服务和提升表现,并降低不可预见的成本和业务风险
	通过自助服务门户网站提高用户满意度
	通过报告和企业驾驶舱提高运营的可见性:根据公司的目标快速评估绩效,以便持续改进
IT资产管理	减少运营费用和审计控制
	围绕IT资产创建生命周期流程
	使用"发现"工具和库存盘点流程
IT安全管理	建立和维护保险和保护计划的路线图
	保证硬件和软件的资产管理系统和流程
	识别、盘点和分类数据管理所需的所有资产
	确保标准在所有机器上都实施了,并且这些标准与当前的定义和适当的参数是最新的
	确保使用文档化的控制过程,以确保数据完整性和准确的报告
	确保定期进行系统自我评估、风险评估和审计
	确保识别和监控外部合规因素和内部合规因素

续表

IT 服务 管理功能	预期目标（0-12 个月）
IT敏捷管理	实施一个自门户服务台，允许用户自己解决事件
	自动化标准版本和变更，并提供控制和可见性
	开发和实施端到端IT集成流程，避免竖井式流程
	定义和开发面向服务的组织结构、角色和职责
	通过以客户为中心的技能来提高传统的IT技能
	通过采用体验水平协议（XLAs），基于用户或客户体验来评估IT服务管理的绩效

行动：这一步骤将评估所采取的决策和方法。质量部门和管理部门将研究这些结果，并判定这些决定的相关性。此外，这一阶段需要减少在每次审查或审计期间发现的差距和功能障碍。每年的计划管理审查都会考虑过去一年或六个月内为努力改进所采取的步骤，他们利用DevOps方法来设置这个步骤。DevOps给应用程序和执行团队如何交互和执行过程带来了根本性的变化，这需要在技术、流程和文化方面都进行变革。执行团队通过IT服务管理成熟度框架来度量组织的敏捷等级，以进一步评价和改进组织。

组织的敏捷等级处于初始级时，我们的目标是将行动部分转为敏捷方法，确保微妙的变更管理，通过支持人员、流程和技术驱动力实施持续改进。为了创建一个可快速提供解决方案的敏捷IT服务中心，提高用户满意度，并随着快速变化的技术而发展，应遵循图5-6中描述的这些步骤。

通过采用基于DevOps的敏捷方法，可以提高结果的成功率。这种方法将允许组织测量、控制和管理IT服务、资产、终端安全、成本和流程。

优化：组织采用敏捷实践的最重要的一点是没有天花板——他们需要不断改进并保持领先。客户总是想要更多，你如果不先做，竞争对手就会赶超你。领导者还需要习惯客户反馈，不断改进产品和运营，识别何时需要调整方向。用于衡量、管理改进、价值传递的新度量标准已被确立。

官方组织的框架效力：所提出的框架目前已被摩洛哥国家港口信息技术部正式通过。我们强调了实施该IT服务管理框架后的优势。

用户和客户的期望已经发生了改变，IT部门必须开辟与他们的其他沟通方式。该框架的目标是为IT服务管理提供一个包含所有必要的IT服务管理流程的工具，包括事件管理、问题管理、更改、请求、自助服务以及服务水平协议，以预见需求、优化生产力、减少宕机时间等。采用该IT服务管理框架的优势是：

- 用户体验水平协议有95%的成功率；
- 让最终用户参与事件管理过程（自助服务）；
- 单点登录（SSO）密码管理策略（更短的密码）；
- 自2016年以来，将计算机用户满意度从75%提高到90%，确保服务交付质量通过质量调查；
- 让配置文件在内部或客户侧通用；
- 持续改进发布管理（商业案例、决策、规划、监控、可交付成果等）；
- 根据运营实践（如车辆库存、生命周期表和IT服务管理工具）持续改进配置管理流程；
- 与质量经理一起持续加强汇报；
- 提高管理体系的工作效率；
- 用基于用户体验XLA的绩效评估替换复杂的SLA文档；

- 审查事件与问题的关系（发现问题后的事件状态）；
- 正式化所有类型的结构，以管理所有商品，无论商品类型、业务应用程序或设备等；
- 向决策者提供有关资产分配、成本和预测的详细信息；
- 通过避免因法规或合同不合规而导致的处罚和昂贵的诉讼来降低风险，特别是在软件许可方面；
- 通过管理报告明确资产责任，优化资产使用，防止恶意使用和盗窃；
- 如果财物已经存在，则通过消除不必要的采购来降低成本；
- 主动管理保修、支持和维护合同，让设施保持最佳状态；
- 通过更好的管理资产和供应商，获得更有利的合同；
- 通过在商业环境中实现商品运输自动化，提高生产力；
- 确保资产和服务满足漏洞补丁程序、杀毒策略和用户安全的基准配置，遵从类似外设组件互连标准（PCI）和信息安全标准（ISO2700X）等标准；
- 促进基于数据的内部合规和义务审计，不断改进流程；
- 实施持续改进的DDAO策略。

5.5 本章总结

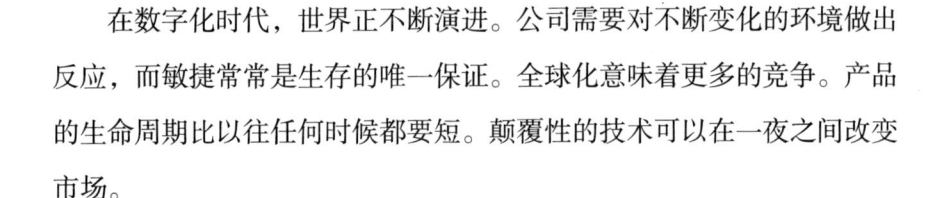

在数字化时代，世界正不断演进。公司需要对不断变化的环境做出反应，而敏捷常常是生存的唯一保证。全球化意味着更多的竞争。产品的生命周期比以往任何时候都要短。颠覆性的技术可以在一夜之间改变市场。

公司在实现其业务目标的同时，还要维护安全与合规、确保遵守适用法规、管理人员和技术，方方面面都是重大挑战。IT员工必须能够在维护现有基础架构的同时，快速响应不断变化的业务需求。经常被引用的管理目标"事半功倍"不仅仅是一个目标，这更是公司的承诺。IT部门的管理是公司信息系统的心脏。IT服务管理必须能够有效地响应客户的期望，并应对不可预见的变化。敏捷已成为构建高效灵活的服务管理战略的重要部分。

本章旨在提出一个针对敏捷IT服务管理的全局框架。该框架打破了现有方法和参考文献的局限，改进了IT服务管理流程的灵活性和敏捷，满足了国际标准的需要。

第 6 章

云计算是组织战略敏捷的驱动力

自2007年以来，云计算术语被引入了信息技术字典。这个主题吸引了IT界和业务界越来越多的兴趣，他们需要增强信息系统的敏捷，降低成本，甚至在内部IT团队被认为太慢时减少对IT团队的依赖。然而事实上，云计算是否加强了敏捷是不清晰的（据提供商所述）。业务经理、IT专业人士和学者正在寻找云计算和IT敏捷之间的关系。本章旨在回答两个主要问题：影响中型和大型组织采用云计算的因素，以及云计算在提高信息系统敏捷方面的作用。本章论证云计算通过组织能力（敏捷）来影响信息系统性能。写本章的主要动机之一是，以往在考虑云计算如何提高信息系统敏捷时缺乏实地调查。

6.1 导言

自2007年以来，云计算领域的两大领军企业国际商业机器公司（IBM）和谷歌已经投资建设大型数据中心，供学生通过互联网远程编程和研究，这就是云计算。云基础设施也被认为是提供信息服务、降低IT管理复杂性、促进创新和提高实时响应能力的一种有成本效益的模式。对于许多组织和国家来说，云基础设施已经成为发展创新和高素质人才能力的平台。2011年，美国联邦政府估计，200亿美元的IT投资预算（实际上是800亿美元）将成为云计算解决方案迁移的可能花费。

在最近的几十年里，云计算已经对IT产生了重大的影响，因为像谷歌、亚马逊和微软这样的领先公司，专注于为那些试图使用云计算、重新定义自己业务模型的组织提供更高效、更安全、更划算的云平台。云计算是"计算世界"革命性的主要技术之一。IT服务交付模式使当今的组织能够主动调整IT基础设施，应对快速变化的环境和业务需求，提供了明显的收益。重要的是，它显著地降低了IT管理的复杂性，让组织更多地使用信息技术。基于云的服务还为应用程序开发人员和平台提供商提供了吸引人才的重用机会和设计挑战。因此，云计算让技术人员和研究人员普遍产生了很大的热情。

对于许多组织来说，云计算可以成为变革的驱动因素，使他们能够在不大量投资的情况下，优化利用信息和通信技术，并避免陷入过时技术的风险。通过云计算，供应商可以向最终客户提供信息与通信技术基础设施作为服务。通过使用云计算，组织可以降低信息与通信技术获取和维护的成本、吸引新客户、增加收入、保持赢利能力，以及提高灵活性。在信息与通信技术基础设施方面投资较少的公司，更倾向于采用云计算。大型企业越来越多地采用云计算。

2017年，情况发生了根本性变化。《财富》杂志"全球50强"公司中的48家公司已经公开宣布了他们的云应用计划。今天，云计算正日益成为开展下一代商业的领先技术。云计算的敏捷使企业能够触达开发链的各个部分，加快进入市场的时间。由于IT效率和业务敏捷的承诺，企业正在将云计算集成到他们的IT战略中。云计算是两个基本IT趋势的结合：IT效率（IT绩效被更有效地发挥）和业务敏捷（通过快速部署，批处理并行和业务密集型分析，IT成为竞争的工具）。

云计算基础设施可以通过统一的独立系统和自动化系统组的管理，来提高公司利用其在信息技术方面的投资效率。云基础设施是一种成本效益高的模型，可用于交付信息服务，降低IT管理复杂性，促进创新，并通过实时反馈提高响应能力。

许多客户对云基础设施作为创新平台感兴趣，特别是在希望促进高技能和高科技劳动力发展的国家。该技术能降低运营成本，因为云环境的资源可以根据需求快速分配和取消分配。因此，在服务需求较低的情况下，通过资源的释放，服务提供商可以实现显著的运营成本节约。云计算是IT领域两大趋势的结合：IT效率和业务敏捷，通过快速和并行部署、批处理等技术提供IT竞争要素。

值得注意的是，采用云计算的组织数量持续增加。本章的目的是给IT领域的决策者提供建议，并从敏捷的角度解释云计算。云计算是一种不断发展的技术，它的优缺点还没有得到充分的研究、记录和测试。本章就云计算何时以及如何成为一种有用的工具提出了建议，并概述了近期研究的局限性，以及对未来研究的展望。

6.2 研究的目的和目标

云带来的敏捷在于IT资源供应的速度。这是以最小的限制快速部署新服务，加速创新。

的确，云计算灵活、适应性强；组织不需要为实施新项目而投资新的基础设施，而且到处都可以使用。这是一场革命，允许企业克服过去部署模式的限制。云提供了公司需要的所有工具来利用不断增加的海量数据，或者创建让员工和客户与这些数据交互的应用程序。云让组织灵活、实验性地解决市场问题。

这项研究的重点是云计算过程采用的相关因素，特别是敏捷将如何影响云计算集成到信息系统上。这项研究旨在探索敏捷如何影响决策，以及云计算将如何提高信息系统敏捷。该研究的问题是：采用云计算如何提高信息系统敏捷？

之前的研究提供了初步的经验证据，表明敏捷和影响决策的因素之一是云计算的采用，以及与云计算在提高信息系统敏捷中的作用有关。我们的研究建立在这些研究的基础上，通过理论推导和经验来验证影响采用云计算决策的因素。

本研究关注的两个问题是：

- 什么因素推动了云计算的采用？为什么？
- 采用云计算在多大程度上提高了信息系统的敏捷？

为了解决这些问题，我们推出了技术接受模型和领先的创新扩散理论（DOI）研究，提出了一个云采用模型和框架，通过云技术提高信息系统的敏捷。

本章的内容如下。为了构建云技术采用的理论模型，第一部分将查看有关影响云计算采用的关键因素的文献。第二部分描述了检验所提出模型的实证研究。第三部分描述了通过云计算提高信息系统敏捷框架的构建与验证。这个框架属于定性研究。

6.3 文献综述

本章从组织的角度综述了当前的云研究。使用已建立的框架来集成结果，我们的结果是根据以下四个方面构建的：云计算属性、采用特征、治理流程和对信息系统敏捷的影响。本节强调了应将重点从技术问题转移到更广泛地理解云计算这个新IT概念。人们越来越认识到云计算的特点和概念的基本原理。然而，关于驱动或限制采用云计算服务的原因的研究，以及关于通过云计算实现敏捷的实证研究，都很少。这可能是因为云计算是相对较新的研究课题。对云服务部署不同阶段的研究也处于发展阶段。

尽管云计算这个概念不是全新的，但并没有统一或标准的定义。虚拟化技术、云计算和基于互联网的服务交付都在不断地演进。"云"隐喻的是通过互联网技术，计算机资源拥有无处不在的可用性和可访问性。有了云解决方案，企业和消费者可以以微小的成本轻松获得大量的计算性能。将诸如存储、应用和服务等IT能力转移到云计算，为公司提供了降低整体IT成本的能力。因此，云计算提供了企业绝对不能忽视的财务优势。

通常，云计算服务有三种类型。在基础设施即服务（IaaS）中，计算和存储能力基础单元是基于云的，可按需使用（如亚马逊弹性计算云"EC2"、云计算中心Rackspace、亚马逊简单存储服务"S3"和云计算平台GoGrid）。该模型的优点之一是按满足计算需求的使用付费和资源弹性。在平台即服务（PaaS）的情况下，服务提供商提供了一组集成解决方案来创建和部署云应用程序（例如，云服务Salesforce、谷歌的AppEngine和微软的Microsoft Azure）。该模型的优势在于能够通过网络提供软件开发的所有要素（设计、测试、版本控制、维护和托管）。软件即服务（SaaS）指的是使用瘦客户机（如浏览器或移动应用程序）访问基于云计算的应用程序的能力，而不是将软件安装到计算机上（如云平台Joyent和云平台SalesForce CRM）。它的优势包括集中配置和托管，无须重新安装就能更新当前软件版本，以及加速交付功能。

云计算代表了IT效率和业务敏捷的交叉。IT性能源于可扩展硬件和软件资源的使用、提高工作效率和公司间的协调，以及高可用服务。云计算的业务敏捷是能够快速部署计算工具，减少初始资本支出，并快速响应变化的市场需求。云计算消除了企业之间的传统边界。这种将IT功能无缝地交付给基于云的解决方案的能力已经被证明是可行的和具有成本效益的，这一点已经得到越来越多组织的认可。李等人旨在评估和比较商业云服务，评估当前云服务系统的文献综述，编写了一个实用的指标目录。杨等人基于之前的研究对信息系统敏捷进行了概念化，以评估不同云计算服务对信息系统敏捷的贡献。

从降低复杂性和无限的可扩展性，到按需获取能力和支出资本的成本节约，云计算实现了所有的承诺。虽然云计算仍有许多没解决的问题，但许多公司对他们实现这些承诺的能力持乐观态度。无论云计算如何实现其承诺，有一件事是肯定的：组织不愿意牺牲安全性、可视性和控制来转移到云。他们需要知道云中正在发生什么，他们的应用程序是如何交付的，以及流量是如何被控制和引导的。云计算的一个必备要素是敏捷：这种能力使企业能够快速、准确地响应突发、不断变化的业务需求。那些能够在保证所有工作量前提下提供按需IT服务的敏捷企业，能够抓住新的机会并保持竞争力。这一事实促使我们继续进行这项研究，以验证云计算是否能够提高IT敏捷。表6-1总结了我们的文献综述，强调了不同的方法和贡献。

表6-1 云计算研究

文献作者	IT采用（因变量）	构造/因素（自变量）	方法	数据与背景
阿卜杜拉赫扎德甘（Abdollahzadehgan）等人（2013年）	云计算	技术（相对优势、复杂性、兼容性）、组织（高层管理者支持、企业规模、技术准备就绪）和环境（竞争压力、贸易伙伴压力）	概念	概念模型
刘、吴和陈（2011年）	云计算	技术（相对优势、复杂性、兼容性）	因子分析（FA）、逻辑回归	对111家高科技公司的电子邮件调研
吴等人（2013年）	云计算	业务流程的复杂性、企业家文化、兼容性、应用程序功能	验证因子分析，多元回归分析	对289家制造业和零售业公司的电子邮件调研
努科马（Nkhoma）和党（2013年）	意图采用云计算	采用协调者的风格：感知技术障碍、感知环境障碍、感知利益	偏最小二乘法（PLS）	使用二次数据
林和陈（2012年）	云计算	相对优势、兼容性、复杂性、可试验性、可观察性	半结构化定性访谈	中国台湾地区119名IT专业人员
特里古罗斯-普雷西亚多（Trigueros-Preciado）等人（2013年）	云采用	障碍与收益	定性和定量的方法	调研94家西班牙中小企业
徐、雷和李（2014年）	云采用	感知到的收益、业务关注点和IT能力是采用云计算的重要决定因素，而外部压力不是	定量方法偏最小二乘法（PLS）	对200家中国台湾地区内的公司进行调研

续表

文献作者	IT采用（因变量）	构造/因素（自变量）	方法	数据与背景
连、闫和王（2014年）	云采用	数据安全，感知到的技术能力，成本，高层管理者支持和复杂性	方差分析	对106名医院首席信息官的调研
海姆拉塔（Hemlata）、赫玛（Hema）和拉马斯瓦米（Ramaswamy）（2015年）	云采用	相对优势、兼容性、复杂性、组织准备情况、最高管理层承诺，以及培训和教育	探索性、验证性因子分析和结构方程建模	一份问卷收集了印度IT、制造业和金融部门280家公司的数据
克谢特里（2013年）	云采用	规范、标准、认知	概念	对中国7家云计算供应商的调研
夏尔马、古普塔（Gupta）和阿查里雅（Acharya）（2017年）	云采用	IT服务成本、上市时间和组织规模	定性和定量	来自13家机构（包括8家云服务提供商和5家云服务用户）的专家
塞纳拉地那（Senarathna）、威尔金（Wilkin）、沃伦（Warren）、约（Yeoh）和萨尔兹曼（Salzman）（2018年）	云采用	相对优势、服务质量和意识、安全、隐私和灵活性	定量方法	对149家澳大利亚中小企业的调查
巴特（Butt）等人（2019年）	敏捷云采用	成本效益，安全和隐私	EXCEL工作表调研问卷	共有7个行业的IT，以及许多来自软件行业与敏捷的采用云相关的专业人员
斯凯菲（Skafi）、尤尼斯（Yunis）和泽克里（Zekri）（2020年）	云采用	复杂性、安全、高层管理者支持和先前的IT经验	验证因子分析和逻辑回归	从在黎巴嫩中小企业工作的139名受访者中收集的数据

6.4 理论基础

托纳茨基（Tornatzky）等人在1990年概述了技术组织环境（TOE）框架，以便理解企业背景中的创新过程。它讨论了影响采用创新的三个因素：技术、组织和环境。技术背景意味着与组织相关的内部和外部技术，以及那些可以被采用的技术。组织背景与公司的描述性特征（如规模、组织结构和集中化程度）、资源（人力和短缺的资源）以及员工之间的沟通过程（正式和非正式）有关。关于环境，这一背景包括环境市场要素、竞争对手和监管框架。

一些研究调查了与云计算相关的技术和运营问题，涉及的主题包括根据成本和风险选择云计算服务、安全存储审计协议和在云上的计算。云计算所有权模型的成本、安全问题、隐私风险和信息丢失。

我们对学术数据库的搜索发现，只有少数发表的期刊文章从组织的角度讨论了云计算的采用，如表6-1所示。阿卜杜拉赫扎德甘等人使用DOI和TOE框架研究了云计算在中国台湾地区高科技产业中的应用。他们的研究模型并不广泛，因为它没有处理诸如成本节约和安全问题等关键因素，而这些因素对企业采用云计算至关重要。他们还将云应用评估为一个动态的因变量，而不是一个连续的过程。林和陈采用半结构化访谈的形式，采访了中国台湾地区19位IT专业人士。根据他们的定性评估，IT组织在云计算相关的不确定性（如安全性和标准化）得到进一步解决，以及好用的业务模型出现之前，对采用云计算持犹豫态度。

特里古罗斯-普雷西亚多等人使用了定性和定量的分析方法来确定采用云计算的障碍。他们调查了94家西班牙中小企业，得出的结论是，企业对云计算的了解程度很低，而且企业对云计算一无所知。努科马和党利用来自一家大型服务公司调查的次级数据，研究了采用云计算的驱动因素和障碍。吴等人研究了信息处理需求和能力是否会影响企业采用云计算的意愿；他们使用DOI理论和信息处理观点来进行供应链领域的研究。

阿卜杜拉赫扎德甘等人提出使用TOE框架来评估中小企业采用云计算的障碍，但他们的研究不包括假设检验或经验验证。克谢特里利用习以为常的理论研究了正式制度和非正式制度背景下的感知和安全问题，但没有提供实证评估。对已发表的期刊文章的回顾表明，大多数研究实证评估了创新、背景因素，或使用定性方法或次级数据评估对云计算采用的直接影响。没有研究采取整体方法来实际验证创新特征与潜在技术、组织和环境背景的直接和间接影响。杨和塔特已发表的关于云计算的期刊文章分为四个研究主题：技术、业务问题、领域与应用，以及概念化，表达了类似的担忧。

基于205篇期刊论文的描述性文献综述，他们的研究表明，云计算的研究方向主要偏向于技术问题。他们强调了云计算在社会、组织和环境视角研究的缺乏。在本研究中，我们通过开发一个综合研究模型来解决这一关键的研究差距，该模型将DOI的理论视角与技术、组织和环境背景相结合。

结合DOI和TOE

为了确定综合搜索模型的概念，使用DOI和TOE框架进行了广泛的搜索，包括EBSCO学术搜索、所有ProQuest数据库（如商业信息数据库ABI/INFORM Global）、PsycNet数据库、斯普林格（Springer）、Science Direct学术网站和其他学术网站。随后，这些广泛引用的研究被整合，以确定在采用研究的出版文献中评估最具代表性的因素。最后，我们还检查了每个结构，以确定其在采用云计算中的适用性。用这种系统方法确定的因素（表中星号所示）和它们测量的模型或理论（短线表示不确定或没有）汇总在表6-2中。

表6-2　影响云采用的因素研究总结

文献来源	模型或理论	敏捷	安全、隐私和信任	节约成本	高层管理者支持	竞争压力	公司规模	技术准备度	相对优势	能力与意识	兼容性	复杂性	数据主权
朱、克雷默（Kraemer）和许（2006年）	TOE		*			*	*			*			
朱、董等人（2006年）	TOE和其他	*	*	*			*	*			*	*	
朱和克雷默（2005年）	TOE					*		*	*				
林.H和林.S（2008年）	TOE					*					*		
关和邹（2001年）	TOE			*	*	*	*				*		
灵格尔（Ringle）、辛科维克（Sinkovics）和亨斯勒（Henseler）（2009年）	TOE				*	*					*	*	
庄等人（2009年）	DOI										*	*	
阿拉姆（Alam）（2009年）	DOI和TOE				*		*				*	*	
亚当斯（Adams）等人（2009年）	DOI和TOE			*	*						*		
阿扎迪根（Azadegan）和泰奇（Teich）（2010年）	DOI和TOE						*				*	*	
蔡、李和吴（2010年）	DOI			*	*						*		

续表

文献来源	模型或理论	敏捷	安全、隐私和信任	节约成本	高层管理者支持	竞争压力	公司规模	技术准备度	相对优势	能力与意识	兼容性	复杂性	数据主权
霍巴克卢（Ghobakhloo）、阿里亚斯-阿兰达（Arias-Aranda）和贝尼特斯-阿马多（Benitez-Amado）（2011年）	TOE			*	*			*	*				
阿卜杜拉赫扎德甘等人（2013年）	TOE				*		*	*		*			
刘等人（2011年）	DOI和TOE		*	*		*				*	*	*	
里米恩（Rimienė）（2011年）	—	*											
西格尔（Siegel）和珀杜（Perdue）（2012年）			*	*						*			
克莱因（Klein）（2012年）	TOE				*						*	*	
林和陈（2012年）	DOI	*									*	*	
阿尔萨盖拉（Alshamaila）、帕帕吉尼迪斯（Papagiannidis）和李（2013年）	—				*			*		*			*
吴等人（2013年）	DOI和其他										*	*	
杨等人（2013年）	—	*											
奥利韦拉（Oliveira）、托马斯（Thomas）和埃斯帕达纳尔（Espadanal）（2014年）	DOI和TOE			*	*		*			*	*	*	
阿米尼（Amini）和巴克里（Bakri）（2015年）	DOI和TOE	*	*	*		*	*		*	*			*
乔和陈（2015年）				*			*						
阿尔法兹利（Abolfazli）等人（2015年）	—		*				*		*				*

续表

文献来源	模型或理论	敏捷	安全、隐私和信任	节约成本	高层管理者支持	竞争压力	公司规模	技术准备度	相对优势	能力与意识	兼容性	复杂性	数据主权
塞纳拉地那（Senarathna）（2016年）	DOI和TOE	*	*										
普雷尔纳（Prerna）和沙阿（Shah）（2016年）	—				*					*			
切莫（Chemjor）和拉加特（Lagat）（2017年）	TOE			*		*					*	*	
桑杜（Sandu）和纪德（Gide）（2018年）	TOE				*			*	*				*
阿姆龙（Amron）、易卜拉欣（Ibrahim）、阿布巴卡尔（Abu Bakar）和丘普拉特（Chuprat）（2019年）	DOI和TOE	*	*	*	*	*	*	*	*	*	*	*	*

许多研究呼吁采用一种结合多个理论视角的方法来理解信息系统对创新技术的采用。因此，为了更好地理解与采用技术创新有关的组织决策，研究背景必须是全球性的，并具有适应创新特殊性的变量。此外，DOI、TOE方法在许多IT采用研究中被广泛使用，并得到了持续的实证支持。此外，背景整合对加强DOI理论的价值也得到了认可。毫无疑问，DOI技术背景与TOE组织背景具有相同的内部和外部组织特征。这两种理论也有很大的不同。TOE不指定个别特征的作用（例如高管支持）。在这一点上，DOI建议将高管支持包括在组织的背景中。同样，DOI忽略了环境背景的影响。由于DOI的局限性，TOE通过包括技术、组织和环境背景提供了对IT采用的更深入的了解。因此，这两种理论明

显相互补充。

在五大DOI属性中,有三个创新特征适用于云应用:相对优势、复杂性和兼容性。实验和观察能力在IT创新研究中并没有被广泛使用。因此,按照通用的信息和系统研究指南,我们忽略了这两个属性,因为它们与云计算无关。创新的性质决定了对采用者重要的相对利益的类型,创新的相对利益可以用经济赢利能力、社会声望或其他方式表达。在我们的研究中,我们假设云计算可以带来成本降低方面的经济优势,它能够提高信息系统敏捷。

同样,安全问题也会降低云计算的相对优势。因此,我们将另外两个属性,即成本节约和安全性,作为云计算相对优势的先决条件。它们决定了云计算是否可以在实现成本节约、提高IT敏捷以应对变化、抓住新机会和保持竞争力方面相对有利。

6.5 研究模型与假设

从DOI和TOE模型中,我们调查了组织在采用云计算方面的决策。组织特定的背景因素是高管支持和公司规模。环境背景在多大程度上可能影响公司采用云计算的决定是由两个变量确定的,竞争压力和监管支持。综合研究模型如图6-1所示。通过将云计算的创新特征与TOE框架的技术、组织和环境背景相关联,我们正在响应研究人员的呼声,建立一个更全面的模型来理解IT创新的扩散。将这一理论定位与表6-1中描述的文献综述联系起来,我们从技术、组织、环境和创新因素方面确定了采用云计算的关键特征。

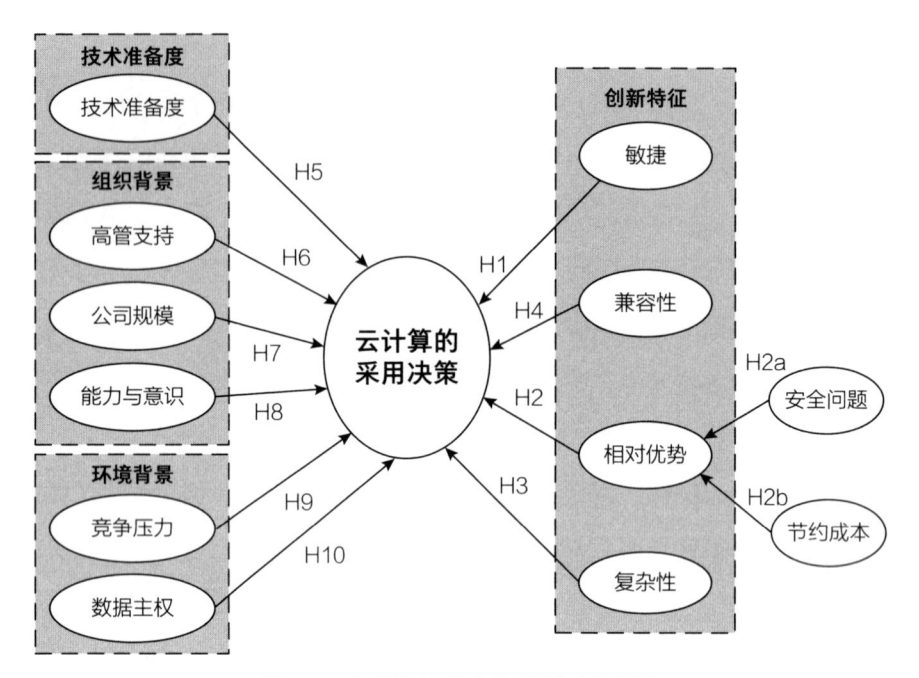

图6-1 在组织中采用云计算的建议模型

6.5.1 创新特征

1．敏捷

云计算最重要的优势是它增加了组织的敏捷。随着云计算的使用，企业系统正在发生变化，让组织在使用服务方面有更大的灵活性和更高的生产率。敏捷和创新被认为是云计算提供的主要增长驱动力。愿意围绕云计算进行重新配置的公司将更能适应不断变化的外部市场，通过利用云计算的可扩展性和敏捷来更好利用新机会。

因此，假设1（H1）（H代表假设，Hypothesis）敏捷可以积极地影响云计算的相对收益。

2．相对优势

相对优势被定义为度量，一种被认为比替代旧想法更有益的创新。在战略有效性（如提高收入）和运行效率（如节省成本）方面具有明显和确定优势的创新更有可能被采用。如果技术（在这里是云计算）的优势超过了现有的流程和实践，那么这些优势将对技术采用产生积极的影响。

因此，假设2（H2）相对优势将对云计算的采用产生积极的影响。

3．安全、隐私和信任

术语安全漏洞是指公司或政府机构丢失敏感信息、个人数据或其他机密信息的事件。云计算是多用户共享环境中存储和计算的融合。这增加了安全风险，因为组织没有意识到，也不确定潜在的安全风险。此外，缺乏成熟的安全协议和身份管理标准意味着组织将不愿意采用云计算解决方案。向云的迁移增加了数据安全的复杂性，这极大地影响了公司采用创新的决定。

因此，假设2-a（H2a）安全性和隐私问题将对云计算的相对优势产生负面影响。

4．成本节约

云计算为创新提供了机会，减少了IT支出，并降低了计算的总成本。通过让企业专注于核心业务，而不被技术变革所扼杀，云计算促进了创新。通过选择云计算，企业可以减少系统维护和日常升级所需的时间。云计算还可以降低基础设施成本，降低能源消耗，并降低维护成本。由于供应商专业化，云计算服务提供商可以用更低的成本提供IT功能，并向最终用户提供规模经济。作为快速采用不断变化的技术的催化剂，云通过控制企业销售和使用商品与服务的方式，为企业转型提供了成本效益高的方式。

因此，假设2-b（H2b）节约成本将对云计算的相对优势产生积极影响。

5．复杂性

复杂性是创新阶段相对难以理解和实施的特性。技术越容易集成到商业经营中，被采用的可能性就越高。云环境提供了立即共享资源满足工作负荷的能力。然而，对于缺乏技术专业知识和IT专家的组织来说，迁移到云解决方案可能是一个挑战。例如，将现有应用程序与专门的云基础设施（如甲骨文公司的弹性云或惠普公司的云系统）集成可能需要一定程度的专业知识，这在企业内部是很难获得的。此外，基于云的解决方案的使用是一种挑战，因为在多租户、共享环境中保护业务流程和数据隐私的限制定义的不够完善。

因此，假设3（H3）复杂性将对云计算的采用产生负面影响。

6．兼容性

兼容性是创新与现有价值、过去的实践和潜在采用者当前需求的对应程度。兼容性是创新采用的一个重要决定因素。例如，如果采用云计算的目的是利用低安全应用程序的可伸缩优势，那么将能力转移到云基础设施就是有经济意义的。再例如，业务能力和可操作性是决定组织是否应该采用云计算的因素。

因此，假设4（H4）兼容性可以积极地影响云的采用。

6.5.2 技术准备

技术背景指的是组织中可用于采用技术的技术性特征。它包括结构方面和特定的人力资源。结构方面是指云计算服务可以补充或替代（例如，使用基于云的存储实现协作文档共享解决方案）的公司内部的平台，或技术基础设施（例如，安装的网络技术和企业系统）。特定的人力资源是组织中拥有实施云计算服务的知识和技能的人（例如，拥有计算机技能的员工，IT专家）。它们共同提高了组织的技术准备度。因此，技术准备度较高的公司更容易采用云计算。

因此，假设5（H5）技术准备度将对云计算的采用产生积极影响。

6.5.3 组织

1. 高管支持

组织背景指的是支持采用创新资源的可用性；也就是说，有助于或限制企业采用和实施创新的组织特征。许多因素影响组织结构和创新采用之间的关系，如集中化程度、权力和控制的分配、信息连接、有限的可用性、横向沟通、企业规模和高管支持。其中，高管支持和企业规模是评估云应用的最关键因素。高管支持，通过支持分配必要资源、集成服务和重新设计流程，在云中的IT应用中扮演着重要的角色。当高级管理层未能认识到云计算对业务的好处时，就会听到反对采用云计算的声音。

所以，假设6（H6）高管支持将对云应用产生积极的影响。

2．公司规模

这是另一个可以影响云采用的组织因素。的确，大公司比小公司有优势，因为他们有更多的资源，可以承担更多的风险来采用创新。研究表明，小公司虽然更多功能，但不容易采用新技术。所以，企业规模是采用云计算的一个决定性因素。

因此，假设7（H7）企业规模将对云计算的采用产生积极的影响。

3．能力与意识

采用云计算的主要挑战之一是缺乏合格的云配置文件。在今天，这些问题对于那些想要脱颖而出，招聘和留住最好的候选人，满足新一代期望的公司来说至关重要。受过高等教育对于继续演进云计算概念，帮助公司在云计算应用方面教育和培训起到至关重要的作用。

因此，假设8（H8）能力与意识将对云计算的采用产生积极的影响。

6.5.4　环境背景信息

1．竞争压力

环境背景是一个公司运作的框架并取决于行业的性质、公司的竞争对手、公司获得其他公司提供的资源的能力，和公司与政府的关系。其中，影响云采用的驱动力是业务竞争和监管环境。在关于DOI的文献中，竞争压力长期以来被视为技术扩散的一个基本驱动力。它是指行业竞争对手施加的压力。采用新技术往往是市场竞争的战略必选项。云计算使企业从更高的运营效率、更好的市场可视性和更准确的实时数据访问中受益。

这就是为什么假设9（H9）竞争压力将对云计算的采用产生积极的影响。

2．数据主权

数据主权是基于控制数据实体组织的地位对于数据相关权利的尊重。政府通常应用数据主权来限制（敏感）数据的跨境存储，组织仅在外部服务可能更有效和价格更合理的时候运营当地数据中心。

保障数据的所有权、安全性和主权已经成为企业，特别是政府的一个重要问题，政府已经决定在云中降低他们的信息系统。一些组织仍然在质疑云中数据的存储和主权。回答这些问题并澄清关于数据主权的误解，有助于更好地采用云计算。

假设10（H10）数据主权对云采用有影响。

6.6 研究方法

本探索性研究可采用两种研究方法：定性和定量。定性方法允许参与者从他们的角度回答特定的问题。定性数据通常使用开放式问题收集。在这种方法中，研究者可以获得更多关于现状、人类态度、意见和决策的信息。这种方法可以提供关于研究主题的更深入的信息。

第二种研究方法是定量研究方法。在这种方法中，数据是通过封闭式问题收集的，参与者不允许解释他们的回答。收集定量数据的方法有很多种，比如问卷调查和科学实验。使用这种方法，研究人员可以度量参与者的意见、决策和不同的策略，用来分析数值数据。

混合方法是定量和定性方法的结合。通过结合这两种方法，研究人员可以获得更多的知识和更准确的结果，并提供问题的更清晰地描述。一些研究人员已经使用定性方法来获得问题的概述，并深入理解使用定量方法获得的结果。在麦克等人研究中，可以使用不同的技术来收集定性和定量的数据。

他们的研究聚焦在影响信息系统中采用云计算的各个方面，以及它们对IT敏捷的影响。因此我们选择了一种综合了若干方法的研究方法，如图6-2所示。研究方法的结合（特别是在这两种情况下），定性和定量范式在信息系统学科中已经被证明是活跃的，有助于广泛和深入的理解。定性研究用于获得定量研究结果的额外信息。

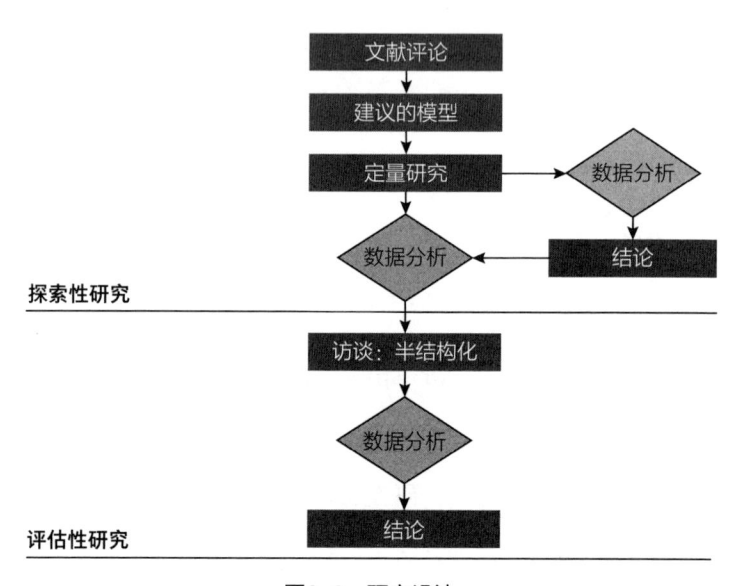

图6-2 研究设计

6.7 定量方法

6.7.1 度量模型

在中东和北非地区进行了一项调查，调查对象包括制造业和服务业的200个来自公共和私营组织的大中型机构，用以评估理论建设。

为了与来源保持一致，对结构（敏捷、安全问题、成本节约、相对优势、复杂性、兼容性、技术准备度、高管支持、竞争压力和监管支持）的测量采用李克特五点量表，李克特量表的间隔从"强烈不同意"到"强烈同意"。

调查问卷分几个阶段进行。第一个版本已经被开发出来，考虑到不同的理论假设。第一个版本已经由IT经理和顾问进行了测试。这种预先测试允许重新表达特定的问题，以提高对问卷的理解，同时提高给出答案的质量。调查问卷是用该组织使用最广泛的三种语言编写的，即英语、法语和阿拉伯语。

6.7.2 数据收集

如前文所述，实地调查的重点是中东和北非地区的大型组织。问卷的在线版本通过电子邮件发送给决策者，以及在组织中有重要职位的有资质的个人。从2017年中到2018年初，分两个阶段通过在线问卷收集数据。这些数据已根据2019年最后一季度收集的答复进行了更新。

该研究使用了"关键信息提供者"的方法来收集数据，以确定组织中牵涉最多和最了解云计算的受访者。针对关键信息受访者，我们提供了云计算的清晰描述和示例。为了增加调查内容的有效性，我们建议由组织中最熟悉的成员来完成调查。问卷的最终版本是用英语写的，由34个问题组成，其中几个元素测量了每个因素。参与者的统计如表6-3所示。

表6-3 参与者的统计数据

变量		数量（个）	百分比（%）
组织规模	100~499雇员	30	15
	500~999雇员	50	25
	1000~1999雇员	80	40
	2000及以上雇员	40	20
行业	制造	31	15.5
	石化	10	5
	化学	22	11
	工程	33	16.5
	能源	15	7.5
	金融服务	34	17
	IT	50	25
	零售	2	1
	其他	3	1.5
市场范围	国际	112	56
	本地	25	12.5
	国内	63	31.5
是否采用云计算	是	128	64
	否	72	36

6.7.3 结果

本研究的目的是评估采用云计算的决定因素，使用了一种将云计算的创新特征与组织的技术、组织和环境视角相结合的方法。我们发现有

10个因素影响云计算的采用：敏捷、复杂性、竞争压力、技术准备度、高管支持、监管、能力和意识、兼容性、公司规模和数据主权。综合方法将云计算特征的创新与组织、技术和环境的视角相结合。结果表明，5个因素对采用云计算有主要影响：敏捷，成本节约，安全、隐私和信任，技术准备度和数据主权，见表6-4。

表6-4 影响云计算采用的定量因素

构成	项	来源
敏捷	A1-云计算使您能够有效地管理公司员工的业务活动 A2-云计算服务提高运营质量 A3-使用云计算可以帮助公司员工在特定的情况下更快地完成工作 A4-云计算的使用提供了新的机会	杨等人（2013年）
安全、隐私和信任	S1-公司对云计算数据安全的关注程度 S2-客户对云计算中数据安全的关注程度 S3-云计算中对隐私的关注程度	朱、董等人（2006年） 罗、顾和沈（2010年）和吴（2011年）
成本节约	CS1-对云计算中的数据安全的企业级关注 CS2-客户对云计算中数据安全的关注程度 CS3-云计算中对隐私的关注程度	蒂塞（Thiesse）等人（2011年） 桑格（Sangle）（2011年）
复杂性	CP1-使用云计算需要大量的脑力劳动 CP2-使用云计算令人沮丧 CP3-使用云计算对于商业运营来说太复杂了 CP4-对于公司员工来说，采用云计算所需的技能过于复杂	伊菲多（Ifinedo）（2011年） 蒂塞等人（2011年）
兼容性	CT1-云计算可以适应一个公司的工作风格 CT2-云计算完全兼容今天的业务运营 CT3-云计算与公司的文化和价值体系兼容 CT4-云计算将与公司现有的硬件和软件兼容	伊菲多（2011年） 蒂塞等人（2011年）
技术准备度	TR1-能上网的雇员百分比 TR2-公司知道如何利用IT来支持运营 TR3-在企业中，有实现云计算所需的技能	伊菲多（2011年） 奥利韦拉（Oliveira）和马丁斯（Martins）（2010年）

续表

构成	项	来源
高管支持	TS1-企业管理层支持云计算的实施 TS2-当涉及信息系统时，公司管理层表现出强大的领导力和对过程的承诺 TS3-商业领袖准备在采用云计算时承担风险（财务和组织）	切罗斯（Chwelos）、本巴萨特（Benbasat）和德克斯特（Dexter）（1890年） 沙阿兰（Shah Alam）、阿里（Ali）和穆罕默德贾尼（Mohd Jani）（2011年） 朱等人（2010年）
公司规模	FS1-公司员工人数 FS2-年度业务量	朱等人（2003年） 切罗斯（Chwelos）等人（1890年） 普雷姆库马尔（Premkumar）和罗伯茨（Roberts）（1999年）
能力与意识	CA1-管理和采用云计算所需的能力 CA2-组织人员对云计算的认识和采用程度	阿尔法兹利（Abolfazli）等人（2015年） 克拉格（Cragg）、卡尔代拉（Caldeira）和沃德（Ward）（2011年）
竞争压力	CP1-公司认为云计算可以影响他们行业的竞争 CP2-竞争给我们的网站公司带来了采用云计算的压力 CP3-一些竞争对手已经开始使用云计算	伊菲多（2011年） 奥利韦拉和马丁斯（2010年）
数据主权	DS1-在使用云计算方面有法律保护 DS2-随着法规变得更加严格，在公共云存储数据的公司必须确保它们遵守数据主权法律	朱和克雷默（2005年） 沙阿兰等人（2011年） 阿尔法兹利等人（2015年）
云计算采用	CA1-就云应用而言，您的组织目前从事云应用的阶段是什么： 我不去想它；正在评估（例如，作为试点前研究的一部分）；评估这项技术，但不打算采用它；评价和规划该技术的采用；已采用云计算服务、基础设施或平台 CCA2-如果你认为在未来你会拥抱云计算。你认为这将如何发生？不考虑；5年以上；2至5年；1至2年；1年以下；已采用云计算服务、基础设施或平台	蒂塞等人（2011年）

6.7.4 发现

创新特征

在四个创新特征中，敏捷（H1）正积极影响云计算的采用。这一发现与文献中报道的类似研究一致。表6-5给出了全样本和子样本的均值和标准差。调查证实，组织已经意识到云计算敏捷的好处。该研究确定的好处包括改进业务运营的质量，更快的任务执行，提高生产力，以及创造新的业务机会。

表6-5 全样本和子样本的均值和标准差

因素	平均值	标准差
敏捷	3.33	0.87
安全、隐私和信任关注点	3.76	1.11
成本节约	3.14	0.79
复杂性	2.26	0.80
兼容性	2.90	0.80
技术准备度	4.27	1.19
高层管理者支持	2.89	0.96
公司规模	2.54	0.86
能力与意识	2.72	1.02
竞争压力	2.30	0.86
数据主权	2.58	0.85
云计算采用	3.81	0.81
敏捷	2.40	1.61

考虑构成与云技术相关的优势的两个变量，安全问题（H2a）并不妨碍云技术的采用，由于隐私技术、监视和加密系统的最新进展，确保了云上的机密性、完整性和数据保护。此外，世界上新的标准和法规，

如欧盟推动数据隐私保护法案GDPR和美国联邦政府风险与授权管理计划FedRampt。当采用基于云的解决方案时，行动有助于建立对数据的信任和组织控制，这可以解释为什么当考虑云计算策略时，安全和隐私不是一个问题。

成本节约（H2b）被确认为解释云计算相对优势的一个重要因素。这一发现与一些研究一致，这些研究表明，成本节约是技术、制造、金融、物流、服务和教育行业采用云计算解决方案的强大驱动力。

兼容性（H4）被认为是促进云计算在服务业采用的一个因素，但对制造业并不重要。它在服务行业的重要性可以用行业工作风格偏好和互联网业务交易盛行来解释。在制造业中，兼容性不重要可能是由于应用程序的性质（例如，内部软件解决方案的关键作用，如资源计划软件和计算机控制加工）和行业有限的互联网解决方案需求。因此，兼容性结果与以往的研究结果相比也存在混合性，需要进一步研究才能得出明确的结论。

此外，复杂性因素（H3）是云计算在服务领域采用的障碍。与云计算相关的复杂性概念和其他颠覆性技术没有什么不同，似乎是采用云计算的一个基本障碍。复杂性可以与感知到的变化联系在一起，众所周知，这是一个令人沮丧的来源。研究结果表明，复杂性并不是制造业企业发展的阻碍因素。一些研究人员认为复杂性不重要，而另一些研究人员则持相反观点。因此，以往的研究对复杂性的作用并不明确，这意味着需要进一步的研究才能得出明确的结论。

6.7.5 技术准备度

技术准备度（H5）是采用云计算的一个驱动力。根据这项研究，拥有成熟技术基础设施和技术熟练劳动力的公司将更适合集成云计算。然而，我们的研究表明，云计算的实施会扰乱服务，并在IT和非IT组织中产生管理挑战。研究结果表明，组织必须确保IT专家的技术基础设施和可用性，在最短的停机时间内将云解决方案集成到业务运营中。之前的研究表明，技术准备度并不一定会影响云计算的采用，这与我们的结论不同。此外，技术准备度与技术公司无关，而具有更多信息处理能力的组织不太容易接受云计算。

6.7.6 组织背景

在我们的研究中，我们发现高管支持（H6）在解释云计算的采用方面是必不可少的。根据这项研究的结果，高级管理层通过承诺财务和组织资源，并参与到采用云计算过程来表明他们的支持，对采用云计算产生影响。这些发现与之前关于技术采用和使用的研究结果一致。

企业规模因素（H7）是采用云计算的一个预测变量。这一结论与文献一致，即大型企业有必要的资源来解决与新兴技术相关的投资风险和成本。相比之下，小企业通常缺乏建立知识、实施和测试云计算的资源。

能力和意识（H8）是不同组织采用云计算的一个非常关键的因素。世界各地的组织都在积极采用云计算技术。预计这一趋势将通过人才吸引和留任，以及绩效管理继续下去。在今天，这些问题对于那些想要脱颖而出，招聘和留住最好的候选人，并满足新一代期望的公司来说是至关重要的。

6.7.7 环境背景

很少有研究涉及云计算中环境背景的重要性。竞争压力促使高科技公司更快地采用云计算。此外，竞争压力对支持电子商务的技术采用有积极的影响。而来自客户、商业伙伴和政府支持的压力并没有发挥重要作用。

数据主权（H10）是采用云计算的一个关键因素，由于政府采取不同的方法来确保公民数据的隐私，企业管理中增加了日益增长的数据主权的挑战。

6.7.8 讨论和解释

我们的调查结果表明，竞争压力并不是云采用的决定性因素。企业可能意识到云计算的好处，但特定的技术因素和组织背景阻止云计算的收益转化为竞争优势。我们发现政策支持对于云计算采用并不必要，公司不考虑当前的标准和法规，相反，立法保护云计算的使用，并没有被组织的决策者认真的采用。监管流程对于让企业获得将创新转化为商业机会的信心至关重要。如果没有商业上合理的经济激励，那么技术进步、云标准的发展和联邦法规可能无法克服采用云计算的重重障碍。

我们的研究结果表明，敏捷、成本节约、安全、隐私和信任、技术准备度和数据主权影响企业采用云计算。

6.7.9 定性研究

第二项研究更侧重于云计算如何影响信息系统的敏捷。数据是通过对来自中东和北非地区10家已经采用云计算技术的大型组织的20位专家的半结构化访谈收集的。

1．样本量

在进行这项研究之前确定样本量是至关重要的。为了确定最小样本量，采用G*Power软件。该软件能让研究人员计算所需的样本量，并提高结果的准确性。确定的计算最小样本量的参数如下：

- 效应量：效应量有小、中、大三个参数。本探索性研究的适当效应量为0.8（即较大）。
- Ⅰ型错误，也称为$α$（$α$表示95%置信水平，$α=0.05$。这意味着当原假设，又称零假设（null hypothesis）为真时，拒绝它的概率是5%（0.05）。Ⅰ型错误意味着错误地拒绝了原假设。
- Ⅱ型错误（即$β$）表示原假设在为假时不会被拒绝。换句话说，Ⅱ型错误意味着错误地接受了原假设。这通常被设定为20%。所以$(1-β)=0.8$。

在本研究中，计算是在t检验（单一样本）下进行的。结果表明，问卷的最小样本量为15人。表6-6给出了样本的统计计算。

表6-6　使用G*Power软件进行样本量计算

统计检验（双尾）	平均值：与常数的差值（单一样本）
效应量d	0.8
$α$	0.05
检验功效（$1-β$）	0.8
最小样本量	15

在访谈方面，没有从访谈中收集典型的数据样本量，在采访中没有固定的人数。塔沙克里（Tashakkori）和克雷斯韦尔（Creswell）建议5至25个受访者都是可以接受的，而莫尔斯（Morse）建议6个是访谈参与者的最低要求。此外，汤姆森（Thomson）对100项关于访谈中的样本量的研究进行了回顾，发现一些访谈的任何增加都会导致重复材料，数据饱和发生在10至30次访谈之间。斯特劳斯（Strauss）和科尔宾（Corbin）还指出，数据的饱和依赖于研究人员的决策。在本研究中，研究人员考虑了这些建议，并进行了访谈，直到没有新的数据添加到研究中。

2．访谈设计

半结构化访谈的目的是审查采用云计算将在多大程度上提高信息系统的敏捷。访谈前准备好问题，包括封闭式问题和开放式问题。W.福迪（W. Foddy）和福迪（Foddy）认为，李克特五点量表是需要决策的案例的最佳选择；利茨（Lietz）也提到该量表可以提高结果的可靠性和有效性。因此，本研究采用李克特五点量表设计封闭式问题：非常重要＝5；重要的＝4；可能重要＝3；不重要＝2；和不相关＝1。其他问题是开放的，这有助于研究人员了解组织对采用云计算的需求和态度。表6-7列出了访谈问题的范例。面试问题是用英语提出的，以验证问题的清晰度。在试点访谈的基础上，对采访问题进行了调整，包括重新措辞和删除一些错误的问题。

表6-7 访谈问题的范例

编号	问题
Q1	云计算使组织能够以一种高效和灵活的方式管理业务活动？
Q2	云计算服务能提高运营质量吗？

续表

编号	问题
Q3	员工有可能快速访问应用程序数据,并有可能快速恢复它们吗?
Q4	与云提供商之间的兼容性对云的采用有负面影响吗?
Q5	组织是否有能力响应客户在计算资源方面不断增长的需求?
Q6	使用云计算帮助组织适应信息系统的变化(通过系统开发、实施、修改和运维等活动)?
Q7	使用云计算帮助组织简化规划过程?
Q8	IT员工是否受过良好的培训,能够灵活地跟上技术进步,并有能力处理意外的变化?
Q9	采用云计算提高了组织应对意外变化的能力?
Q10	企业是否有能力保持竞争力?

3. 问卷设计

为了确认提出的云采用模型,本研究开发了一份自我填写的问卷。调查问卷的目的是确认在云采用模型中已经存在的因素,以及在与IT专家的访谈中确定的其他因素。问卷分为两部分:统计信息和涉及17个因素的28个封闭式问题。这些因素是安全、相对优势、敏捷、兼容性、复杂性、高管支持、组织规模、技术准备度、监管合规和竞争压力。之所以有28个封闭性问题,是因为有些因素是由多个问题来度量的。例如,敏捷有两个问题,一个是通过预测变化来度量敏捷对成本的影响,另一个是对响应性的影响。封闭式问题是根据访谈结果设计的,并使用李克特五点量表。

4. 统计信息

采访对象是中东和北非地区不同组织的20名IT专家。所有参与者都在不同行业的IT部门工作,如制造业、工程和能源领域。所有的参与者都有至少五年的工作经验，因此他们可以了解所在组织的现状和未来的趋势。访谈于2018年3月至5月，在专家工作场所进行（即面对面访谈或视频会议访谈），并经专家许可使用录音设备进行录音。调查问卷的目的是确认哪些因素影响组织使用云服务的决定，以及采用云计算对信息系统敏捷的影响。采用SPSS软件对收集的数据进行分析。

参数检验通过定距和定比来分析测量数据，而通过定序和定类数据来分析。总的来说，参数检验比非参数检验更加灵活和强大，因此受到大多数研究人员的青睐。对收集到的数据进行参数检验（样本t检验），将检验值定义为李克特五点量表上的3，范围为5（强烈同意）到1（强烈不同意）。表6-8显示了问卷分析的结果。

表6-8　云计算对信息系统敏捷的影响

因素		陈述	平均值	P值（双尾）
IT敏捷	应用程序敏捷	有能力在这个目标组织中有效地增加新产品或新服务	4.67	<0.001
	信息敏捷	组织需要为所有干系人和合作伙伴改进应用程序数据共享 员工将有可能快速访问应用程序数据，并有可能迅速恢复这些数据	4.60	<0.001
	兼容性和互操作性	组织需要部署应用程序迁移流程，将本地环境链接到云环境，同时保持一定的安全级别	3.60	0.004
	伸缩性	组织必须管理这些扩展以满足客户不断增长的需求，并有能力加速必要的来自云服务提供商的带宽分配和计算资源的增长	3.90	<0.001
IT流程敏捷	运维流程敏捷	能够通过系统开发、实施、修改和维护活动来适应信息系统的变化。具有这种IT敏捷的组织可以有效地修改其系统，并使组织能够更有效地响应不断变化的市场机会	4.03	<0.001
	规划流程敏捷	减少应用程序支持和维护的时间和精力 公司新分支机构的集成必须不复杂 IT应该很容易地评估并确定提出变更的优先级	3.23	0.257

续表

因素		陈述	平均值	P值（双尾）
IT流程敏捷	监控和评估过程敏捷	回想一下，环境变化的基本力量包括竞争对手的行动、战略变化、消费者偏好或信息系统员工技能、经济变化、监管和法律变化以及技术进步。这些不同的变化需要一个可信赖的人，由他来洞察与这些变化类型相关的任何潜在变化	4.17	<0.001
人力敏捷	培训和员工	对IT员工进行培训并实习，以管理不同的系统和应用程序 IT工作人员将有能力把业务问题转化为技术解决方案	4.73	<0.001
	业务和技术技能	IT员工应该有能力应对意外的变化，提高效率，抓住新出现的机会	4.47	<0.001
业务敏捷	响应	云计算的使用增加了组织应对意外变化（即意外事件，如纠正和重新配置）的能力	4.53	<0.001
	客户服务	组织机制必须能够支持满足客户需求的服务交付	4.13	<0.001
	竞争状态	拥有在任何情况下提供答案来保持竞争力的能力，这种能力将抓住新的机会并持续保持竞争力	4.53	<0.001

6.7.10 假设检验

为了回答第二个研究问题，我们在90%的置信水平下做了以下假设并进行了检验。假设（H1）包括敏捷类别和云计算模式之间的不同关联，公式如下：

H1：使用软件模式作为云服务模式要么与改进的信息系统敏捷类别的云模式（IaaS、PaaS或SaaS）之间存在关联，要么与信息系统敏捷类别之间存在关联（技术基础设施敏捷、IT流程敏捷、人类特征或业务方面）。

6.7.11 结果

下面的部分总结了这些发现。图6-3和图6-4展示了不同云类别使用占比和云部署模式的使用百分比。图6-5显示了对聚合的信息系统敏捷类别回答的联合频率分布。

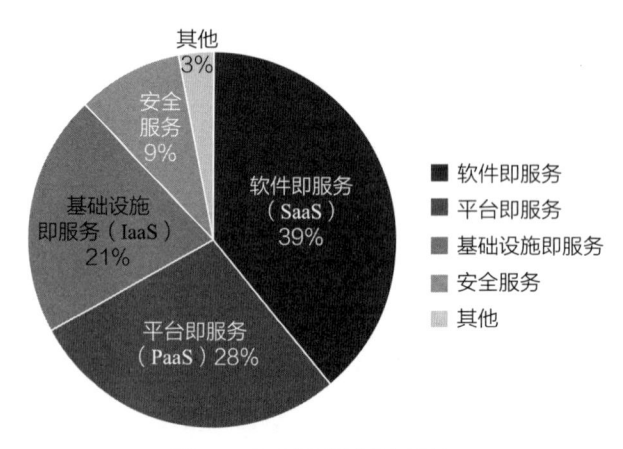

图6-3 不同云类别使用占比

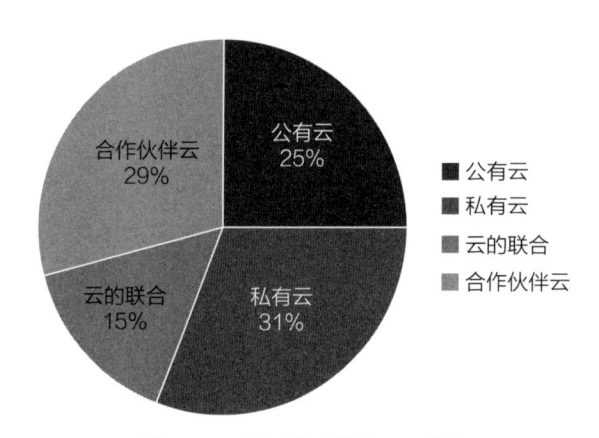

图6-4 云部署模式的使用百分比

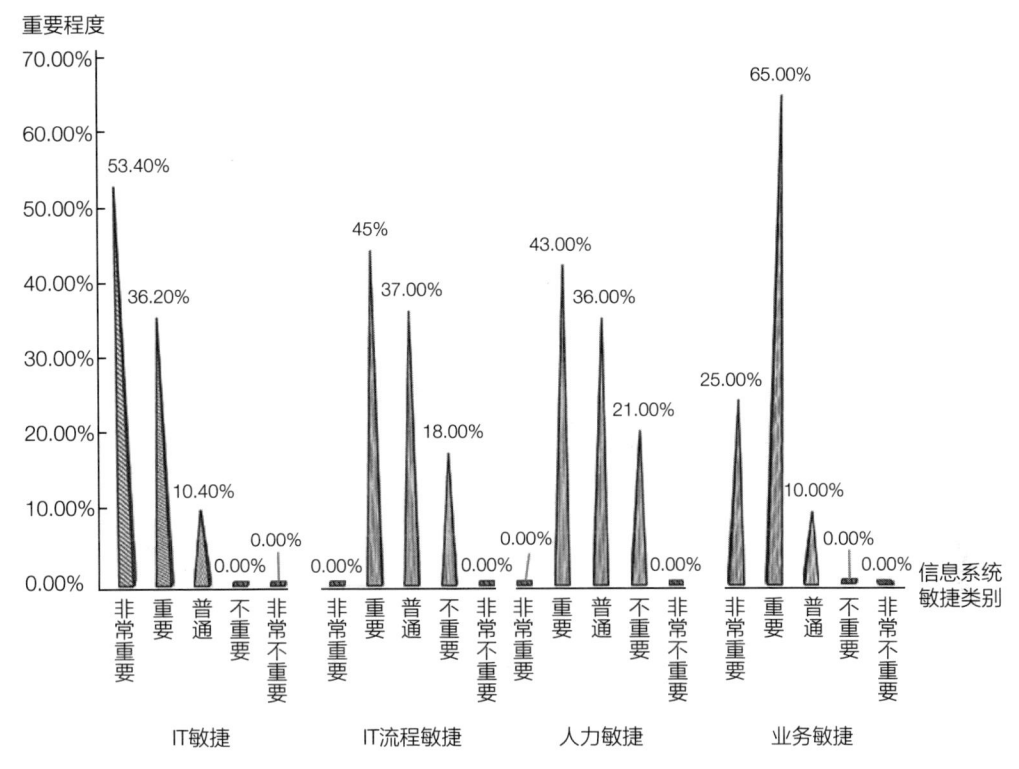

图6-5 对聚合的信息系统敏捷类别回答的联合频率分布

如图6-3和图6-4所示，使用量的百分比主要贡献自私有云中的基础设施即服务。此外，图6-3中一个有趣的现象，在业务敏捷类别中，回答的百分比很高，包括用户面对意想不到的变化（即意想不到的事件，如修复和重新配置）充满信心；对抓住新出现的机会的效率和效果有更高的满意度；以及使用云让IT战略与业务战略保持对齐起到了积极作用。图6-5显示了对聚合的信息系统敏捷类别的回答。

6.7.12 结果讨论

云是一个服务交付问题：基础设施即服务（IaaS）、平台即服务

（PaaS）或软件即服务（SaaS）。换句话说，云提供了一组计算资源，可以作为一台计算机有效地运行。然而，正如统计分析的结果显示的那样，并非所有这些服务都与IT专业人士所认为的敏捷有直接关系。更具体地说，PaaS云模式使用户能够更有效地响应业务需求，并帮助确保员工能够按需触达关键业务信息、客户、合作伙伴以及彼此，而且不受设备和地点的限制。因此，用户可以优先考虑最关键的业务任务。

然而，IaaS更侧重于减少管理预期和过剩的IT基础设施，从而减少管理、维护和部署时间，带来更大的可伸缩性，从而更有效地管理峰值需求。研究也表明SaaS和任何类别的敏捷之间都缺乏联系。SaaS更多地被视为一种经济的选择，而非敏捷改进，事实支持了这一结论。与依赖许可费用的软件供应商的传统财务模式不同，SaaS让用户只为给定期间的使用付费，同时更少地依赖本地IT人员和服务，总的来说，这将增加了对敏捷的一些限制。

调查显示，用户在面对意外的变化、利用新出现的机会，并让IT战略与业务战略保持对齐方面的信心、效率和效果都有所提升。此外，云计算使组织减少了在支持和维护上花费的时间和精力，减少了评估和确定建议变更优先级的工作量，促进了容量规划和绩效信息收集，并简化了服务管理。

6.8 本章总结

云计算是信息技术的重要演进。它拥有诸如敏捷、可伸缩性、按次付费和成本效益等吸引人的特性。本研究试图根据创新特征和技术、组织和环境背景来确定组织采用云计算的决定因素，并评估云计算的变更是如何敏捷的。结合DOI理论和TOE框架建立了一个研究模型。通过对中东和北非地区200家不同大中型企业的定量研究，对该模型进行了评价。结果表明，敏捷、成本节约、安全、隐私和信任、技术准备度和数据主权对企业采用云计算有直接影响。分析结果验证了敏捷对采用云计算的直接影响。本研究的第二部分更侧重于云计算如何影响信息系统的敏捷。定性数据是通过对中东和北非地区已经采用云计算技术的10个主要组织的20名专家进行半结构化访谈收集的。根据研究结果，我们得出结论，一些云计算服务模式提高了敏捷的特定维度，例如，IaaS提高了技术基础设施的敏捷，PaaS改进了人的特征，而SaaS不与任何类别的敏捷相关联。

对于组织中正在考虑基于云的举措的决策者来说，我们的研究结果为评估云计算的创新特性，和云计算在各个行业被采用情况的相关文献，以及文献中论述的直接和间接影响，都提供了坚实的学术贡献。

我们的研究结果还表明，云计算将提高信息系统的敏捷，使公司实现成本节约，减少IT资本支出，减少谈判成本，减少维护和能源成本。通过采用云计算减少对环境影响，履行保护环境的责任。

总的来说，云计算似乎为采用云计算（特别是SaaS）组织的信息系统敏捷带来了改进。

附录A

IT服务管理成熟度评估访谈（样表）

自助服务台	您的组织中是否有服务中心（正式或非正式）？	是的，我们每隔几年就会做一次
	在服务台接听的电话是否记录在电子系统中？	是的，其中至少有一半是这样
	服务中心是否在帮助台系统中记录来电和电子邮件？	是的，我们每隔几年就会做一次
事件管理	IT人员是否清楚地了解事件管理流程？	是的，其中至少有一半是这样
	登记事件时是否有足够的信息记录？	是的，我们曾经做过一次
	是否有针对事件的分类代码，以指示事件的可能原因？	是的，其中至少有一半是这样
问题管理	IT人员是否清楚地了解问题管理流程？	是的，我们每隔几年就会做一次
	是否清楚问题应该归因于组织中的谁？	是的，其中至少有一半是这样
	分配给员工培训的时间和预算是否足够？	是的，其中至少有一半是这样
	流程所有者是否分析事件信息以确定事件的趋势？	是的，有一小部分
发布管理	是否有足够的时间和预算培训该流程域的人员？	是的，其中至少有一半是这样
	是否有一个已发布和可接受，并被认为是基础设施最高优先级组件的列表？	是的，有一小部分
	对于所有配置元素（CI），是否有一个已知的并记录在案的命名约定？	是的，其中至少有一半是这样
	组织内部是否有明确的发布管理流程？	是的，有一小部分
变更管理	IT人员是否清楚地了解变更管理流程？	是的，我们每隔几年就会做一次
	变更请求在提交前是否被检查和核实？	是的，其中至少有一半是这样
	是否有足够的时间和预算培训该流程域的人员？	是的，我们每隔几年就会做一次
	变更咨询委员会（ACC）制定了适当的授权范围（会议时间、权限等）？	是的，其中至少有一半是这样
服务级别管理	IT人员是否清楚了解服务级别协议（SLA）的管理流程？	是的，团队自己写/自己执行
	是否定期审查与此流程相关的活动？	是的，我们每隔几年就会做一次
	是否在遵循已定义结构的服务级别协议（SLA）？	是的，我们每隔几年就会做一次
	此流程域是否会与各种其他流程域交换信息？	是的，我们每隔几年就会做一次

附录A

续表

可用性管理	是否定期根据记录在案的关键绩效指标（KPI）对本流程域的绩效进行评审？	是的，其中至少有一半是这样
	组织是否设置了可用性目标（符合SMART：简单、可测量、可实现、现实、受时间限制）？	是的，有一小部分
	在这个流程中电子工具是否得到了很好的利用？	是的，其中至少有一半是这样
容量管理	系统是否设置了警报阈值，以提醒人员接近了最大容量限制？	是的，其中至少有一半是这样
	运营容量、服务容量和资源管理之间的差异是否明确？	是的，有一小部分
	此流程域是否会与各种其他流程域交换信息？	是的，有一小部分
IT 资产管理		**答案**
资产发现和盘点	是否有已定义的管理组织信息资产的程序？	是的，有一小部分
	您当前将使用哪些工具来发现您的软件和硬件资产？	是的，但这是在临时的基础上
配置管理	是否有一个被认为是基础架构中最关键的组件发布和接受列表？	是的，有一个标准集
	是否有一个已知的、被记录在案的命名约定用于所有配置项（CI）？	是的，有一小部分
	是否有过程来确保不能绕过配置管理流程？	是的，有一个标准集
IT财务管理	您是否能有效地控制IT环境的运营成本？	是的，有一小部分
	为业务提供当前服务的成本是否能很容易地得到证明？	是的，局限在业务领域
	实际成本是否定期与预算成本进行比较？	否
资产生命周期	组织是否实施或计划实施资产管理系统？	是的，在临时的基础上
	组织是否有一个或计划开发一个资产管理盘点/数据库？	否
IT 安全管理		**答案**
IT服务安全管理	是否有IT服务安全管理的过程？	是的，我们每隔几年就会做一次
	组织中是否实施了任何安全应用程序？	是的，其中至少有一半是这样

续表

IT服务管理		答案
IT资产安全管理	公司的安全要求是否有良好的文件记录？	是的，其中至少有一半是这样
	是否清楚地了解谁或哪个部门负责IT安全？	是的，其中至少有一半是这样
	是否存在物理屏障，防止未经授权访问关键IT设备？	是的，有一小部分
漏洞和风险管理	自动化的风险管理流程是否符合国际标准？	是的，其中至少有一半是这样
	组织是否根据系统风险定义了系统临界点？	是的，有一小部分
合规管理	是否有一个正式的政策包含或引用所有的安全需求，以确保符合组织的安全标准？	是的，有一小部分
敏捷管理		**答案**
战略与流程	IT工作人员是否对敏捷管理流程有清晰的理解？	是的，在临时的基础上
	是否有定期审查与此流程相关的活动？	是的，有一小部分
组织结构灵活性	组织拥有合格和主动的人员，使其能够为改变业务情况提供敏捷解决方案？	否
	组织是否为不断变化的业务环境提供了敏捷响应的过程、计划和责任？	是的，在临时的基础上
与时俱进的技术体系	是否根据业务需要提供IT服务？	是的，团队自己写/自己执行
	组织的聚焦IT的项目集是否能迅速地交付利益并满足质量需求和标准？	是的，有一小部分
	IT服务中心是否为业务创新提供知识、专门技能和举措？	否
	是否从IT投资和IT服务组合中获得收益？	否
员工能力与技能	组织是否通过有效的培训来培养员工专业技能？	是的，其中至少有一半是这样
	组织是否激励并保留熟练的员工？	是的，有一小部分
	是否鼓励IT员工提高他们的技术技能，是否对支持敏捷开发技术的开发方法和工具进行培训？	是的，有一小部分
组织敏捷	IT资源是否经过优化以满足组织的敏捷目标？	否
	组织是否提供有效的业务流程？	是的，在临时的基础上
	在快速分析可行性和备选解决方案后，组织是否定义、维护和批准功能需求？	否

附录B

IT服务管理成熟度评估路线图

IT服务管理功能	控制目标	成熟度评分	目标成熟度评分
IT服务管理	自助服务台	0	3
	事件管理	2.5	4
	问题管理	1.5	3.5
	变更管理	2	3.5
	发布和部署管理	1	3
	配置管理	1.5	3
	服务级别管理	2	3.5
	可用性管理	1.2	2.5
	容量管理	1.5	2.5
IT资产管理	配置管理数据库CMDB	0.5	2
	资产发现与盘点	1.5	3
	IT财务管理	2	3.5
	资产生命周期	1	3
IT安全管理	IT服务安全管理	2	3
	IT资产安全管理	2.5	3
	漏洞和风险管理	2.5	3.5
	合规管理	2	3.2
IT敏捷管理	战略和流程	1.2	2.5
	组织结构灵活性	0.5	2.5
	与时俱进的技术体系	0.7	2.5
	员工能力与技能	1	2
	组织敏捷	0.5	2.2

参考文献

Abdelkebir, S., Maleh, Y., & Belaissaoui, M. (2019). Towards an agile and secure IT service management. In J. Zhang (Ed.), *Global information diffusion and management in contemporary society* (pp. 125–152). Hershey, PA: IGI Global.

Abdollahzadehgan, A., Che Hussin, A. R., Gohary, M. M., & Amini, M. (2013). The organizational critical success factors for adopting cloud computing in SMEs. *Journal of Information Systems Research and Innovation*, 4(1), 67–74. https://doi.org/https://ssrn.com/abstract=2333028

Abolfazli, S., Sanaei, Z., Tabassi, A., Rosen, S., Gani, A., & Khan, S. U. (2015). Cloud adoption in Malaysia: Trends, opportunities, and challenges. *IEEE Cloud Computing*, 2(1), 60–68. https://doi.org/10.1109/MCC.2015.1

Adalı, O. E., Özcan-Top, O., & Demirörs, O. (2016). Evaluation of agility assessment tools: A multiple case study. In *Communications in computer and information science*, Berlin/Heidelberg, Germany, pp. 135–149. Retrieved from http://link.springer.com/10.1007/978-3-319-38980-6_11.

Adams, D. A., Nelson, R. R., Todd, P. A., Ahmi, A., Kent, S., Al-Ansi, A. A., ... Willborn, W. W. (2009). Factors affecting the adoption of open systems: An exploratory study. *MIS Quarterly*, 16(2), 1521–1552. https://doi.org/10.1108/02686900510606092

Adamson, G., Wang, L., Holm, M., & Moore, P. (2017). Cloud manufacturing – A critical review of recent development and future trends. *International Journal of Computer Integrated Manufacturing*, 30(4–5), 347–380. https://doi.org/10.1080/0951192X.2015.1031704

Aiken, M. W., Liu Sheng, O. R., & Vogel, D. R. (1991). Integrating expert systems with group decision support systems. *ACM Transactions on Information Systems (TOIS)*, 9(1), 75–95.

Alaceva, C., & Rusu, L. (2015). Barriers in achieving business/IT alignment in a large Swedish company: What we have learned? *Computers in Human Behavior*, 51, 715–728. https://doi.org/https://doi.org/10.1016/j.chb.2014.12.007

Alam, S. S. (2009). Adoption of internet in Malaysian SMEs. *Journal of Small Business and Enterprise Development*, 16(2), 240–255. https://doi.org/10.1108/14626000910956038

Alavi, M., & Leidner, D. E. (2001). Knowledge management and knowledge management systems: Conceptual foundations and research issues. *MIS Quarterly*, 25, 107–136.

Albrecht, C. C., Dean, D. L., & Hansen, J. V. (2005). Marketplace and technology standards for B2B e-commerce: progress, challenges, and the state of the art. *Information & Management*, 42(6), 865–875.

Ali, S., & Green, P. (2012). Effective information technology (IT) governance mechanisms: An IT outsourcing perspective. *Information Systems Frontiers*, 14(2), 179–193.

Allen, B. R., & Boynton, A. C. (1991). Information architecture: In search of efficient flexibility. *MIS Quarterly: Management Information Systems*, 15(4), 435–445. Retrieved from https://www.jstor.org/stable/249447?origin=crossref

Alewine, N., Ruback, H., & Deligne, S. (2004). Pervasive speech recognition. *IEEE Pervasive Computing*, 3(4), 78–81.

Allen, J. P. (2003). The evolution of new mobile applications: A sociotechnical perspective. *International Journal of Electronic Commerce*, 8(1), 23–36.

Alshamaila, Y., Papagiannidis, S., & Li, F. (2013). Cloud computing adoption by SMEs in the north east of England: A multi-perspective framework. *Journal of Enterprise Information Management*, 26(3), 250–275. https://doi.org/10.1108/17410391311325225

Altaf, F., & Schuff, D. (2010). Taking a flexible approach to ASPs. *Communications of the ACM*, 53(2), 139–143.

Amron, M. T., Ibrahim, R., Abu Bakar, N. A., & Chuprat, S. (2019). Determining factors influencing the acceptance of cloud computing implementation. *Procedia Computer Science, 161*, 1055–1063. https://doi.org/https://doi.org/10.1016/j.procs.2019.11.216

Anderson, C. (2010). Presenting and evaluating qualitative research. *American Journal of Pharmaceutical Education, 74*(8), 141.

Anderson, J., & Bishop, R. (2018). An ITSM for a new era: Leaving a self-supported internal legacy system for a brighter future in the Cloud(S)'. In *Proceedings ACM SIGUCCS user services conference*, IEEE Xplore, Orlando, FL, USA, pp. 111–113.

Ang, A., Brandt, M., & Denison, D. F. (2014). *Review of the active management of the Norwegian government pension fund global.* Report to the Norwegian Ministry of Finance, New York, NY, USA.

Anthony Byrd, T., Lewis, B. R., & Bryan, R. W. (2006). The leveraging influence of strategic alignment on IT investment: An empirical examination. *Information and Management, 43*(3), 308–321. https://doi.org/10.1016/j.im.2005.07.002

Aoyama, M. (1998). Agile software engineering environment over the internet. In *ICSE 98 workshop on software engineering over the internet*, April, New York, NY, USA.

Armbrust, M., Fox, A., Griffith, R., Joseph, A. D., Katz, R., Konwinski, A., ... Rabkin, A. (2010). A view of cloud computing clearing the clouds away from the true potential and obstacles posed by this computing capability. *Communications of the ACM, 53*(4), 50–58. https://doi.org/10.1145/1721654.1721672

Arteta, B. M., & Giachetti, R. E. (2004). A measure of agility as the complexity of the enterprise system. *Robotics and Computer-Integrated Manufacturing, 20*(6), 495–503. https://doi.org/10.1016/J.rcim.2004.05.008

Ashrafi, A., Ravasan, A. Z., Trkman, P., & Afshari, S. (2019). The role of business analytics capabilities in bolstering firms' agility and performance. *International Journal of Information Management, 47*, 1–15.

Atapattu, M., & Sedera, D. (2014). Agility in consumer retail: Sense-response alignment through the eyes of customers. *Australasian Journal of Information Systems, 18*(2), 111–132.

Atkinson, P. E. (1990). *Creating culture change: The key to successful total quality management.* San Francisco, CA: Pfeiffer/Jossey-Bass.

Attaran, M. (2004). Exploring the relationship between information technology and business process reengineering. *Information & Management, 41*(5), 585–596.

Avram, M. G. (2014). Advantages and challenges of adopting cloud computing from an enterprise perspective. *Procedia Technology, 12*, 529–534. https://doi.org/10.1016/j.protcy.2013.12.525

Azadegan, A., & Teich, J. (2010). Effective benchmarking of innovation adoptions: A theoretical framework for e-procurement technologies. *Benchmarking: An International Journal, 17*(4), 472–490. https://doi.org/10.1108/14635771011060558

Bakos, Y., Lucas, H. C. Jr, Oh, W., Simon, G., Viswanathan, S., & Weber, B. W. (2005). The impact of e-commerce on competition in the retail brokerage industry. *Information Systems Research, 16*(4), 352–371.

Bamber, C. J., Hides, M. T., & Sharp, J. M. (2000). Integrated management systems: An agile manufacturing enabler. In *1st International Conference on Systems Thinking in Management* (pp. 83–88). Citeseer.

Bamber, C. J., Sharp, J. M., & Hides, M. T. (2000). Developing management systems towards integrated manufacturing: a case study perspective. *Integrated Manufacturing Systems, 11*(7), 454–461.

Banerjee, A., Ghosh, S. C., & Banerjee, N. (2012). Pack your sack for the cloud. In *Proceedings of the 5th India Software Engineering Conference* (pp. 116–157), Kanpur, India. https://doi.org/10.1145/2134254.2134283

Barreto, L., Amaral, A., & Pereira, T. (2017). Industry 4.0 implications in logistics: An overview. *Procedia Manufacturing, 13*, 1245–1252.

Barreto, L., Scheunemann, L., Fraga, J., & Siqueira, F. (2017). Secure storage of user credentials and attributes in federation of clouds. In *Proceedings of the ACM symposium on applied computing*, Marrakech, Morocco, pp. 364–369.

Bartolini, C., Sallé, M., & Trastour, D. (2006). IT service management driven by business objectives: An application to incident management. In *IEEE symposium record on network operations and management*, Vancouver, Canada, pp. 45–55.

Baskerville, R., & Pries-Heje, J. (2004). Short cycle time systems development. *Information Systems Journal, 14*(3), 237–264.

Basson, G., Walker, A., McBride, T., & Oakley, R. (2012). ISO/IEC 15504 measurement applied to COBIT process maturity. *Benchmarking: An International Journal, 19*(2), 159–176. https://doi.org/10.1108/14635771211224518

Batra, D., Hoffer, J. A., & Bostrom, R. P. (1988). A comparison of user performance between the relational and the extended entity relationship models in the discovery phase of database design. In *Proceedings of ICIS* (p. 43) Auckland, New Zealand.

Bauer, M. J., Poirier, C. C., Lapide, L., & Bermudez, J. (2001). *E-business: The strategic impact on supply chain and logistics*. Lombard, IL: Council of Supply Chain Management Professionals.

Beatty, S. E., & Smith, S. M. (1987). External search effort: An investigation across several product categories. *Journal of Consumer Research, 14*(1), 83–95.

Beck, K., Beedle, M., Van Bennekum, A., Cockburn, A., Cunningham, W., Fowler, M., ... & Kern, J. (2001). Manifesto for agile software development.

Beck, K., & Boehm, B. (2003). Agility through discipline: A debate. *Computer, 36*(6), 44–46.

Beloglazov, A., Banerjee, D., Hartman, A., & Buyya, R. (2014). Improving productivity in design and development of information technology (IT) service delivery simulation models. *Journal of Service Research, 18*(1), 75–89. https://doi.org/10.1177/1094670514541002

Benamati, J., & Lederer, A. L. (2001). Coping with rapid changes in IT. *Communications of the ACM, 44*(8), 83–88.

Benaroch, M., & Chernobai, A. (2017). Operational IT failures, IT value destruction, and board-level it governance changes. *MIS Quarterly, 41*(3), 729–762. https://doi.org/10.25300/MISQ/2017/41.3.04

Benlian, A., & Hess, T. (2011). Opportunities and risks of software-as-a-service: Findings from a survey of IT executives. *Decision Support Systems, 52*(1), 232–246. https://doi.org/10.1016/j.dss.2011.07.007

Benlian, A., Kettingaer, W. J., Sunyaev, A., Winkler, T. J., & Editors, G. (2018). The transformative value of cloud computing: a decoupling, platformization, and recombination theoretical framework. *Journal of Management Information Systems, 35*(3), 719–739.

Berger, H., & Beynon-Davies, P. (2009). The utility of rapid application development in large-scale, complex projects. *Information Systems Journal, 19*(6), 549–570.

Bernard, M., & Le Moigne, J-L. (1978). La théorie du système général (théorie de la modélisation). Collection Systèmes-Décisions, 1977. *Communication Information, 2*(3), 217–218.

Bessant, J., & Francis, D. (1999). Developing strategic continuous improvement capability. *International Journal of Operations & Production Management, 19*(11), 1106–1119.

Bhat, J. M. (2013). Adoption of cloud computing by SMEs in India: A study of the institutional factors. In *19th Americas Conference on Information Systems, AMCIS 2013 - Hyperconnected World: Anything, Anywhere, Anytime* (Vol. 1, pp. 271–278). Retrieved from http://www.scopus.com/inward/record.url?eid=2-s2.0-84893328840&partnerID=tZOtx3y1

Bhatt, G., Emdad, A., Roberts, N., & Grover, V. (2010). Building and leveraging information in dynamic environments: The role of IT infrastructure flexibility as enabler of organizational responsiveness and competitive advantage. *Information & Management, 47*(7–8), 341–349.

Bicheno, J. (1994). *Cause and effect JIT: The essentials of lean manufacturing.* Johannesburg: Picsie Books.

Bishop, M. (2002). Computer security: Art and science. In *the 2nd International Conference on Bioinformatics and Biomedical Engineering, ICBBE 2008* Boston, MA. https://doi.org/10.1002/ejoc.201200111

Boar, B. H. (1998). Redesigning the IT organization for the information age. *Information Systems Management, 15*(3), 23–30. Retrieved from http://www.tandfonline.com/doi/abs/10.1201/1078/43185.15.3.19980601/31131.4

Borgman, H. P., Bahli, B., Heier, H., & Schewski, F. (2013). Cloudrise: Exploring cloud computing adoption and governance with the TOE framework. In *Proceedings of the Annual Hawaii International Conference on System Sciences* (pp. 4425–4435) Maui, HI. https://doi.org/10.1109/HICSS.2013.132

Börjesson, A., Martinsson, F., & Timmerås, M. (2006). Agile improvement practices in software organizations. *European Journal of Information Systems, 15*(2), 169–182.

Bottani, E. (2009). A fuzzy QFD approach to achieve agility. *International Journal of Production Economics, 119*(2), 380–391.

Bourque, L., & Fielder, E. P. (2003). *How to conduct self-administered and mail surveys* (Vol. 3). Thousand Oaks, CA: Sage.

Boyer, L. (2004). Avenir du management et management de l'avenir: La place du métier. *Management & Avenir, 1*, 7–21.

Bradley, S. P. (1998). *Sense & respond: Capturing value in the network era.* Brighton, MA: Harvard Business School Press. Retrieved from https://books.google.com/books?id=n17rLNY6ro4C&pgis=1

Brinda, M., & Heric, M. (2017). The changing faces of the cloud. *Bain & Company*, (Bain Co.). Retrieved from http://www.bain.com/Images/BAIN_BRIEF_The_Changing_Faces_of_the_Cloud.pdf%0Ahttp://www.bain.com/publications/articles/the-changing-faces-of-the-cloud.aspx

Broadbent, M., & Weill, P. (1997). Management by maxim: How business and IT managers can create IT infrastructures. *Sloan Management Review, 38*, 77–92.

Broadbent, M., Weill, P., & St. Clair, D. (1999). The implications of information technology infrastructure for business process redesign. *MIS Quarterly, 23*(2), 159–182.

Brooks, P. (2006). *Metrics for IT service management.* 's-Hertogenbosch: Van Haren.

Brown, A. E., Grant, G. G., & Sprott, E. (2005). Framing the frameworks: A review of it governance research. *Communications of the Association for Information Systems, 15*, 696–712. https://doi.org/Article

Brown, S., & Bessant, J. (2003). The manufacturing strategy-capabilities links in mass customisation and agile manufacturing–an exploratory study. *International Journal of Operations & Production Management, 23*(7), 707–730.

Bruce, K. (1998). Can you align IT with business strategy? *Strategy & Leadership, 26*(5), 16–20. https://doi.org/10.1108/eb054620

Brustbauer, J. (2016). Enterprise risk management in SMEs: Towards a structural model. *International Small Business Journal, 34*(1), 70–85. https://doi.org/10.1177/0266242614542853

Buhalis, D. (2004). eAirlines: Strategic and tactical use of ICTs in the airline industry. *Information & Management, 41*(7), 805–825.

Butler, B. S., & Gray, P. H. (2006). Reliability, mindfulness, and information systems. *Mis Quarterly, 30*, 211–224.

Butt, S. A., Tariq, M. I., Jamal, T., Ali, A., Martinez, J. L. D., & De-La-Hoz-Franco, E. (2019). Predictive variables for agile development merging cloud computing services. *IEEE Access, 7*, 99273–99282. https://doi.org/10.1109/ACCESS.2019.2929169

Buxmann, P., Diefenbach, H., & Hess, T. (2015). Cloud computing. *Die Softwareindustrie*, 221–256. https://doi.org/10.1007/978-3-662-45589-0_7

Byrd, T. A., & Turner, D. E. (2000). Measuring the flexibility of information technology infrastructure: Exploratory analysis of a construct. *Journal of Management Information Systems*, *17*(1), 167–208. https://doi.org/10.1080/07421222.2000.11045632

Cadete, G. R., & da Silva, M. M. (2017). In M. Themistocleous & V. Morabito (Eds.), *Assessing IT governance processes using a COBIT5 model BT - Information systems*. (pp. 447–460) Cham: Springer International Publishing.

Cao, L., Mohan, K., Xu, P., & Ramesh, B. (2009). A framework for adapting agile development methodologies. *European Journal of Information Systems*, *18*(4), 332–343.

Carter, C. B., & Lorsch, J. W. (2004). *Back to the drawing board*. Boston, MA: Harvard Business School Press.

Castka, P., Bamber, C. J., Sharp, J. M., Belohoubek, P., Bessant, J., Francis, D., & Robinson, A. G. (1991). Factors affecting successful implementation of high performance teams. *International Journal of Operations & Production Management*, *19*(11), 1106–1119.

Cater-Steel, A. (2009). IT service departments struggle to adopt a service-oriented philosophy. *International Journal of Information Systems in the Service Sector (IJISSS)*, *1*(2), 69–77.

Celen, M., & Djurdjanovic, D. (2012). Operation-dependent maintenance scheduling in flexible manufacturing systems. *CIRP Journal of Manufacturing Science and Technology*, *5*(4), 296–308.

Cervone, H. F. (2010). An overview of virtual and cloud computing. *OCLC Systems & Services: International Digital Library Perspectives*, *26*(3), 162–165.

Chamanifard, R., Nikpour, A., Chamanifard, S., & Nobarieidishe, S. (2015). Impact of organizational agility dimensions on employee's organizational commitment in Foreign Exchange Offices of Tejarat Bank, Iran. *European Online Journal of Natural and Social Science*, *4*(1), 199–207.

Chang, V., De Roure, D., Wills, G., & Walters, R. J. (2011). Case studies and organisational sustainability modelling presented by cloud computing business framework. *International Journal of Web Services Research*, *8*(3), 26–53. https://doi.org/10.4018/IJWSR.2011070102

Changchit, C., & Chuchuen, C. (2018). Cloud computing: An examination of factors impacting users' adoption. *Journal of Computer Information Systems*, *58*(1), 1–9. https://doi.org/10.1080/08874417.2016.1180651

Chemjor, E. M., & Lagat, C. (2017). Determinants of level of cloud computing adoption in small and medium enterprises in Nairobi county. *International Journal of Economics, Commerce and Management*. *5*(4), 248–265.

Chen, P. P. S. (1976). The entity-relationship model – Toward a unified view of data. *ACM Transactions on Database Systems (TODS)*, *1*(1), 9–36.

Cheng, T. C., & Podolsky, S. (1996). *Just-in-time manufacturing: An introduction*. Berlin: Springer Science & Business Media.

Chenoweth, T., Corral, K., & Demirkan, H. (2006). Seven key interventions for data warehouse success. *Communications of the ACM*, *49*(1), 114–119.

Chiang, R. H. L., Grover, V., Liang, T.-P., & Zhang, D. (2018). *Special issue: Strategic value of big data and business analytics*. Park Drive: Taylor & Francis.

Chin, W. W., Marcolin, B. L., & Newsted, P. R. (2003). A partial least squares latent variable modeling approach for measuring interaction effects: results from a Monte Carlo simulation study and an electronic-mail emotion/ adoption study. *Information Systems Research*, *14*(2), 189–217. https://doi.org/10.1287/isre.14.2.189.16018

Chiu, T., & Wang, T. D. (2019). The COSO framework in emerging technology environments: An effective in-class exercise on internal control. *Journal of Emerging Technologies in Accounting*, *16*(2), 89–98. https://doi.org/10.2308/jeta-52500

Cho, V., & Chan, A. (2015). An integrative framework of comparing SaaS adoption for core and non-core business operations: An empirical study on Hong Kong industries.

Chong, A. Y. -L., & Chan, F. T. S. (2012). Structural equation modeling for multi-stage analysis on Radio Frequency Identification (RFID) diffusion in the health care industry. *Expert Systems with Applications, 39*(10), 8645–8654. https://doi.org/10.1016/j.eswa.2012.01.201

Chong, A. Y.-L., Ooi, K.-B., Lin, B., & Raman, M. (2009). Factors affecting the adoption level of c-commerce: An empirical study. *The Journal of Computer Information Systems, 50*(2), 13–22. https://doi.org/10.1080/08874417.2009.11645380

Chong, S., & Bauer, C. (2000). Association for information systems AIS electronic library (AISeL). A model of factor influences on electronic commerce adoption and diffusion in small-and medium-sized enterprises. Retrieved from http://aisel.aisnet.org/pacis2000%0Ahttp://aisel.aisnet.org/pacis2000/23

Chung, S. H., Rainer, R. K. Jr, & Lewis, B. R. (2003). The impact of information technology infrastructure flexibility on strategic alignment and application implementations. *Communications of the Association for Information Systems, 11*(1), 11.

Chwelos, P., Benbasat, I., & Dexter, A. S. (1890). Empirical test of an EDI adoption model empirical test of an EDI adoption model. *Information Systems Research, 2*(604), 304–321.

Ciborra, C. U. (2009). From thinking to tinkering: The grassroots of strategic information systems. In C. Avgerou, G. Francesco, L. Leslie, & P. Willcocks (Eds.), *Bricolage, care and information* (pp. 206–220). London: Palgrave Macmillan. https://doi.org/10.1057/9780230250611_10

Clark, C. E., Cavanaugh, N. C., Brown, C. V, & Sambamurthy, V. (1997). Building change-readiness capabilities in the IS organization: Insights from the Bell Atlantic experience. *MIS Quarterly, 21*, 425–455.

Conboy, K. (2009). Agility from first principles: Reconstructing the concept of agility in information systems development. *Information Systems Research, 20*(3), 329–354. https://doi.org/10.1287/isre.1090.0236

Conboy, K., & Fitzgerald, B. (2004). Toward a conceptual framework of agile methods: a study of agility in different disciplines. *Proceedings of the 2004 ACM Workshop on Interdisciplinary Software Engineering Research*, 37–44. Newport Beach, CA. https://doi.org/10.1145/1029997.1030005

Couger, J. D., Zawacki, R. A., & Oppermann, E. B. (1979). Motivation levels of MIS managers versus those of their employees. *MIS Quarterly, 3*, 47–56.

Cragg, P., Caldeira, M., & Ward, J. (2011). Organizational information systems competences in small and medium-sized enterprises. *Information & Management, 48*(8), 353–363. https://doi.org/https://doi.org/10.1016/j.im.2011.08.003

Crook, C. W., & Kumar, R. L. (1998). Electronic data interchange: a multi-industry investigation using grounded theory. *Information & Management, 34*(2), 75–89. https://doi.org/10.1016/S0378-7206(98)00040-8

Crosby, P. B. (1979). *Quality is free: The art of making quality certain* (Vol. 94). New York, NY: McGraw-hill.

Cui, Y., Kara, S., & Chan, K. C. (2020). Manufacturing big data ecosystem: A systematic literature review. *Robotics and Computer-Integrated Manufacturing, 62*, 101861.

Csillag, J. M. (1988). World class manufacturing: the lessons of simplicity applied. *Revista de Administração de Empresas, 28*(1), 55–58.

Cumps, B., Viaene, S., Dedene, G., & Vandenbulcke, J. (2006). An empirical study on business/ICT alignment in European organisations. In *Proceedings of the Annual Hawaii International Conference on System Sciences* (Vol. 8(C), pp. 1–10). Kauia, HI. https://doi.org/10.1109/HICSS.2006.53

Currie, A. R., Mcconnell, A., Parr, G. P., McClean, S. I., & Khan, K. (2014). Truesource: A true performance for hierarchical cloud monitoring. In *Proceedings of the*

2014 IEEE/ACM 7th International Conference on Utility and Cloud Computing (pp. 980–985). London, UK https://doi.org/10.1109/UCC.2014.161

Cusumano, M. A. (1994). The limits of "Lean". *Sloan Management Review*, *35*, 27.

Dahlberg, T., & Kivijärvi, H. (2006). An integrated framework for IT governance and the development and validation of an assessment instrument. In *39th Hawaii International Conference on System Sciences* (pp. 1–10). Kauia, HI, USA. https://doi.org/10.1109/HICSS.2006.57

Dahlberg, T., & Lahdelma, P. (2007). IT governance maturity and IT outsourcing degree: An exploratory study. In *Proceedings of the Annual Hawaii International Conference on System Sciences* (pp. 1–10). Waikoloa, HI. https://doi.org/10.1109/HICSS.2007.306

Dalenogare, L. S., Benitez, G. B., Ayala, N. F., & Frank, A. G. (2018). The expected contribution of industry 4.0 technologies for industrial performance. *International Journal of Production Economics*, *204*, 383–394.

Daniel, E. M., & White, A. (2005). The future of inter-organisational system linkages: findings of an international Delphi study. *European Journal of Information Systems*, *14*(2), 188–203.

Darke, P., Shanks, G., & Broadbent, M. (1998). Successfully completing case study research: combining rigour, relevance and pragmatism. *Information Systems Journal*, *8*(4), 273–289. https://doi.org/10.1046/j.1365-2575.1998.00040.x

Dave, U., & Arthur, Y. (2019). Agility: The new response to dynamic change. *Strategic HR Review*, *18*(4), 161–167. https://doi.org/10.1108/SHR-04-2019-0032

Dedrick, J., & West, J. (2004). An exploratory study into open source platform adoption. In *Proceedings of the 37th Annual Hawaii International Conference on System Sciences* (p. 10). Big Island, HI. https://doi.org/10.1109/HICSS.2004.1265633

De Haes, S., & Van Grembergen, W. (2013). Improving enterprise governance of IT in a major airline: A teaching case. *Journal of Information Technology Teaching Cases*, *3*(2), 60–69.

De Haes, S., Van Grembergen, W., & Debreceny, R. S. (2013). COBIT 5 and enterprise governance of information technology: Building blocks and research opportunities. *Journal of Information Systems*, *27*(1), 307–324. https://doi.org/10.2308/isys-50422

De Haes, S., Van Grembergen, W., Joshi, A., & Huygh, T. (2020). COBIT as a framework for enterprise governance of IT In S. De Haes, W. Van Grembergen, A. Joshi, & T. Huygh (Eds.), *Enterprise Governance of Information Technology: Management for Professionals*. Charm: Springer. https://doi.org/10.1007/978-3-030-25918-1_5

Deloitte, A. G. (2015). Industry 4.0 challenges and solutions for the digital transformation and use of exponential technologies. *McKinsey Global Institute*, *13*, 1–16.

Deming, W. E. (2000). *Out of the Crisis*. Cambridge, MA: MIT press.

Dennis, A. R., George, J. F., Jessup, L. M., Nunamaker, J. F. Jr, & Vogel, D. R. (1988). Information technology to support electronic meetings. *MIS Quarterly*, *12*, 591–624.

Dertouzos, M. L., Lester, R. K., & Solow, R. M. (1989). *Made in America*. Cambridge, MA: MIT Press.

Desouza, K. C., & Awazu, Y. (2006). Knowledge management at SMEs: Five peculiarities. *Journal of Knowledge Management*, *10*(1), 32–43. Retrieved from https://www.emerald.com/insight/content/doi/10.1108/13673270610650085/full/html

DeToro, R. T., & Teener, A. R. (1992). *Total quality management: Three steps to continuous improvement*. Boston, MA: Addison Wesley Publishing Company, Inc.

Dibbern, J., Goles, T., Hirschheim, R., & Jayatilaka, B. (2004). Information systems outsourcing: A survey and analysis of the literature. *ACM SIGMIS Database: The DATABASE for Advances in Information Systems*, *35*(4), 6–102.

Dillon, T., Wu, C., & Chang, E. (2010). Cloud computing: Issues and challenges. In *24th IEEE International Conference on Advanced Information Networking and Applications* (pp. 27–33). Perth, Australia https://doi.org/10.1109/AINA.2010.187

Dove, R. (1992). *The 21st century manufacturing enterprise strategy – Volume 2* (pp. 1–8). Bethlehem, PA: Japan Management Association Research.

Dove, R. (1991). *The 21st century manufacturing enterprise strategy*. Iacocca Institute, Lehigh University.

Dove, R. (1995). Rick dove agility forum best agile practice reference base – 1994: Challenge models and benchmarks Rick Dove. In *4th Annual Agility Conference*. Director Strategic Analysis, Agility Forum, Bethlehem, PA.

Dove, R. (2002). *Response ability: The language, structure, and culture of the agile enterprise*. Hoboken, NJ: John Wiley & Sons.

Drucker, P. F. (1995). The new productivity challenge. *Quality in Higher Education, 37*, 45–53.

Duncan, N. B. (1995). Capturing flexibility of information technology infrastructure: A study of resource characteristics and their measure. *Journal of Management Information Systems, 12*(2), 37–57. Retrieved from http://www.jstor.org/stable/40398165

Dybå, T., & Dingsøyr, T. (2008). Empirical studies of agile software development: A systematic review. *Information and Software Technology, 50*(9–10), 833–859.

Ebert, C., Gallardo, G., Hernantes, J., & Serrano, N. (2016). DevOps. *Ieee Software, 33*(3), 94–100.

Elhasnaoui, S., Medromi, H., Chakir, A., & Sayouti, A. (2015). A new IT governance architecture based on multi agents system to support project management. In *International Conference on Electrical and Information Technologies (ICEIT)* (pp. 43–46). Marrakech, Morocco. https://doi.org/10.1109/EITech.2015.7162957

Evans, J. S. (1991). Strategic flexibility for high technology manoeuvres: A conceptual framework. *Journal of Management Studies, 28*(1), 69–89.

Faul, F., Erdfelder, E., Lang, A.-G., & Buchner, A. (2007). G* Power 3: A flexible statistical power analysis program for the social, behavioral, and biomedical sciences. *Behavior Research Methods, 39*(2), 175–191.

Fernando, N., Loke, S. W., & Rahayu, W. (2013). Mobile cloud computing: A survey. *Future Generation Computer Systems, 29*(1), 84–106. https://doi.org/10.1016/j.future.2012.05.023

Fichman, R. (2004). Going beyond the dominant paradigm for information technology innovation research: Emerging Concepts. *Journal of the Association for Information Systems, 5*(8), 314–355. https://doi.org/Article

Fink, L., & Neumann, S. (2009). Taking the high road to web services implementation: An exploratory investigation of the organizational impacts. *ACM SIGMIS Database: The DATABASE for Advances in Information Systems, 40*(3), 84–108.

Foddy, W., & Foddy, W. H. (1994). *Constructing questions for interviews and questionnaires: Theory and practice in social research*. Cambridge: Cambridge University Press.

Foster, I., Zhao, Y., Raicu, I., & Lu, S. (2008). Cloud computing and grid computing 360-degree compared. In *Grid Computing Environments Workshop, GCE 2008*. Austin, TX https://doi.org/10.1109/GCE.2008.4738445

Foster, R., & Kaplan, S. (2001). *Creative destruction, from built-to-last to built-to-perform*. London: Pearson Education Limited.

Fowler, M., & Highsmith, J. (2001). The agile manifesto. *Software Development, 9*(8), 28–35.

Frank, A. G., Dalenogare, L. S., & Ayala, N. F. (2019). Industry 4.0 technologies: Implementation patterns in manufacturing companies. *International Journal of Production Economics, 210*, 15–26.

Friedman, T. L. (2005). The world is flat, A brief history of the twenty-first century. 1–10.

Friedman, T. L. (2015). It's a flat world after all. *Internal Audit Reports Post Sarbanes-Oxley, 3*, 149–150.

Galliers, R. D. (1991). Strategic information systems planning: myths, reality and guidelines for successful implementation. *European Journal of Information Systems, 1*(1), 55–64.

Galliers, R. D. (2006). Strategizing for agility: Confronting information. *Agile Information Systems, 1*.

Gallupe, R. B., DeSanctis, G., & Dickson, G. W. (1988). Computer-based support for group problem-finding: An experimental investigation. *MIS Quarterly*, *12*, 277–296.

Garrison, G., Kim, S., & Wakefield, R. L. (2012). Success factors for deploying cloud computing. *Communications of the ACM*, *55*(9), 62. https://doi.org/10.1145/2330667.2330685

Gartner. (2017). Gartner insights on how and why leaders must implement cloud computing cloud strategy leadership have you or your cio expressed any of these concerns? Retrieved from http://www.gartner.com/imagesrv/books/cloud/cloud_strategy_leadership.pdf

Gebauer, J., & Lee, F. (2008). Enterprise system flexibility and implementation strategies: Aligning theory with evidence from a case study. *Information Systems Management*, *25*(1), 71–82.

Gene, K., Jez, H., Patrick, D., & John, W. (2016). *The DevOps handbook. How to create world-class agility, reliability & security in technology organizations*. Portland, OR: IT Revolution.

Gerth, A. B., & Rothman, S. (2007). The future IS organization in a flat world. *Information Systems Management*, *24*(2), 103–111.

Ghobakhloo, M. (2018). The future of manufacturing industry: A strategic roadmap toward industry 4.0. *Journal of Manufacturing Technology Management*, *29*(6), 910–936. https://doi.org/10.1108/JMTM-02-2018-0057.

Ghobakhloo, M., Arias-Aranda, D., & Benitez-Amado, J. (2011). Adoption of e-commerce applications in SMEs. In *Industrial management and data systems* (Vol. 111). Bingley: Emerald. https://doi.org/10.1108/02635571111170785

Goldman, S. L. (1994). 'Agile manufacturing concept'. In *Coupling technology to national need* (Vol. 2102, pp. 30–40). Bellingham, WA: International Society for Optics and Photonics.

Goldman, S. L., & Nagel, R. N. (1993). Management, technology and agility: The emergence of a new era in manufacturing. *International Journal of Technology Management*, *8*, 18–38. https://doi.org/10.1504/IJTM.1993.025758

Goldman, S. L., Nagel, R. N., & Preiss, K. (1995). *Agile competitors and virtual organizations: Strategies for enriching the customer* (Vol. 8). New York, NY: Van Nostrand Reinhold.

Gong, C., Liu, J., Zhang, Q., Chen, H., & Gong, Z. (2010). The characteristics of cloud computing. In *39th International Conference on Parallel Processing Workshops* (pp. 275–279). San Diego, CA. https://doi.org/10.1109/ICPPW.2010.45

Goodhue, D. L., Quillard, J. A., & Rockart, J. F. (1988). Managing the data resource: A contingency perspective. *MIS Quarterly*, *12*, 373–392.

Goranson, H. T., & Goranson, T. (1999). *The agile virtual enterprise: cases, metrics, tools*. Westport, CT: Greenwood Publishing Group.

Goscinski, A., & Brock, M. (2010). Toward dynamic and attribute based publication, discovery and selection for cloud computing. *Future Generation Computer Systems*, *26*(7), 947–970. https://doi.org/https://doi.org/10.1016/j.future.2010.03.009

Goyal, A., & Dadizadeh, S. (2009). *A survey on cloud computing*. Technical Report for CS, 58, December, pp. 55–58. https://doi.org/10.17148/IJARCCE.2016.54261

Grandon, E. E., & Pearson, J. M. (2004). Electronic commerce adoption: an empirical study of small and medium US businesses. *Information & Management*, *42*(1), 197–216. https://doi.org/https://doi.org/10.1016/j.im.2003.12.010

Grant, G., Brown, A., Uruthirapathy, A., Mcknight, S., & Grant, G. G. (2007). Association for information systems AIS electronic Library (AISeL). An extended model of IT governance: A conceptual proposal. In *Proceedings of AMCIS 2007* (p. 215). Keystone, CO. Retrieved from http://aisel.aisnet.org/amcis2007%0Ahttp://aisel.aisnet.org/amcis2007/215

Greenhalgh, T., Robert, G., Macfarlane, F., Bate, P., & Kyriakidou, O. (2004). Diffusion of innovations in service organizations: Systematic review and recommendations. *The Milbank Quarterly*, *82*(4), 581–629.

Gregor, S., & Benbasat, I. (1999). Explanations from intelligent systems: Theoretical foundations and implications for practice. *MIS Quarterly, 23*, 497–530.

Group, O. M. (1997). The common object request broker: Architecture and specification, revision 2.0. February. Retrieved from https://www.omg.org/spec/CORBA/3.4/Beta1/About-CORBA.rdf

Guldentops, E. (2002). Governing information technology through CobiT BT. In M. Gertz, E. Guldentops, & L. Strous (Eds.), *Integrity, internal control and security in information systems: Connecting Governance and Technology* (pp. 115–159). Boston, MA: Springer. https://doi.org/10.1007/978-0-387-35583-2_8

Gunasekaran, A. (1999). Agile manufacturing: A framework for research and development. *International Journal of Production Economics, 62*(1), 87–105. https://doi.org/10.1016/S0925-5273(98)00222-9

Gunasekaran, A., & Yusuf, Y. Y. (2002). Agile manufacturing: A taxonomy of strategic and technological imperatives. *International Journal of Production Research, 40*(6), 1357–1385. https://doi.org/10.1080/00207540110118370

Gupta, P., Seetharaman, A., & Raj, J. R. (2013). The usage and adoption of cloud computing by small and medium businesses. *International Journal of Information Management, 33*(5), 861–874.

Hagel, J., & Brown, J. S. (2003). From tightly bound to loosely coupled. *Software Development-San Francisco, 11*(9), 39.

Hagel, J., & Brown, J. S. (2001). Your next IT strategy. *Harvard Business Review, 79*(9), 105–115.

Hagel, J., & Brown, J. S. (2003). The agile dance of architectures – Reframing IT enabled business opportunities. SAP design guild, Edition on composite applications.

Halawi, L. A., Aronson, J. E., & McCarthy, R. V. (2005). Resource-based view of knowledge management for competitive advantage. *The Electronic Journal of Knowledge Management, 3*(2), 75.

Halpin, T. A. (2001). Microsoft's new database modeling tool: Part 8. *Journal of Conceptual Modeling, 20*. Retrieved from http://www.orm.net/pdf/jcm2002dec.pdf

Hank, M. (2006). ITIL: What it is and what it isn't. *Business Communications Review, 36*(12), 49.

Hansen-Magnusson, H. (2010). Governance in the European Union: The European blood directive as an evolving practice. *Clinics in Laboratory Medicine, 30*(2), 489–497.

Hasselbring, W. (2000). Information system integration. *Communications of the ACM, 43*(6), 32–38. https://doi.org/10.1145/336460.336472

Hayes, D. C., Hunton, J. E., & Reck, J. L. (2001). Market reaction to ERP implementation announcements. *Journal of Information Systems, 15*(1), 3–18.

Heeks, R., Foster, C., & Nugroho, Y. (2014). *New models of inclusive innovation for development*. Oxford: University of Oxford.

Hemlata, G., Hema, D., & Ramaswamy, R. (2015). Understanding determinants of cloud computing adoption using an integrated TAM-TOE model. *Journal of Enterprise Information Management, 28*(1), 107–130. https://doi.org/10.1108/JEIM-08-2013-0065

Hiererra, S. E. (2012). *Assessment of IT governance using COBIT 4.1 framework methodology: Case study university IS development in IT directorate*. Masters Thesis, BINUS University, Jakarta, Indonesia.

Ho, S. K. M. (1999a). Change for the better via ISO 9000 and TQM. *Management Decision, 37*(4), 381–388.

Ho, S. K. M. (1999b). Total learning organisation. *The Learning Organization, 6*(3), 116–120.

Hobbs, B., & Petit, Y. (2017). Agile methods on large projects in large organizations. *Project Management Journal, 48*(3), 3–19.

Hoberg, P., Wollersheim, J., & Krcmar, H. (2012). The business perspective on cloud computing-a literature review of research on cloud computing. In *AMCIS 2012 Proceedings*, Paper 5. Seattle, WA

Hohpe, G., & Woolf, B. (2004). *Enterprise integration patterns: Designing, building, and deploying messaging solutions*. Boston, MA: Addison-Wesley Professional.

Holmqvist, M., & Pessi, K. (2006). Agility through scenario development and continuous implementation: A global aftermarket logistics case. *European Journal of Information Systems, 15*(2), 146–158.

Hong, W., Thong, J. Y., Chasalow, L. C., & Dhillon, G. (2011). User acceptance of agile information systems: A model and empirical test. *Journal of Management Information Systems, 28*(1), 235–272.

Hooper, M. J., & Steeple, D. (1997). Agile manufacturing-manufacturing for the new millennium-a critical review. In *IEEE Portland International Conference on Management and Technology Innovation in Technology Management-The Key to Global Leadership (PICMET'97)* (pp. 635–637). Portland, OR

Hormozi, A. M. (2001). Agile manufacturing: The next logical step. *Benchmarking: An International Journal, 8*(2), 132–143.

Hsu, P.-F., Kraemer, K. L., & Dunkle, D. (2006). Determinants of e-business use in U.S. firms. *International Journal of Electronic Commerce, 10*(4), 9–45. https://doi.org/10.2753/JEC1086-4415100401

Humble, J., & Farley, D. (2010). *Continuous delivery: Reliable software releases through build, test, and deployment automation*. New York, NY: Pearson Education.

Hsu, P.-F., Ray, S., & Li-Hsieh, Y.-Y. (2014). Examining cloud computing adoption intention, pricing mechanism, and deployment model. *International Journal of Information Management, 34*(4), 474–488. https://doi.org/https://doi.org/10.1016/j.ijinfomgt.2014.04.006

Ifinedo, P. (2011a). Internet/e-business technologies acceptance in Canada's SMEs: an exploratory investigation. *Internet Research, 21*(3), 255–281. https://doi.org/10.1108/10662241111139309

Ifinedo, P. (2011b). An empirical analysis of factors influencing internet/e-business technologies adoption by SMES in Canada. *International Journal of Information Technology & Decision Making, 10*(04), 731–766. https://doi.org/10.1142/S0219622011004543

Imache, R., Izza, S., & Ahmed-Nacer, M. (2012). An enterprise information system agility assessment model. *Computer Science and Information Systems, 9*(1), 107–133. https://doi.org/10.2298/CSIS101110041I

Imai, K., Nonaka, I., & Takeuchi, H. (1984). *Managing the new product development process: How Japanese companies learn and unlearn*. Boston, MA: Division of Research, Harvard Business School.

ISACA. (2012). *COBIT 5: A business framework for the governance and management of enterprise IT*. Rolling Meadows, IL: Information Systems Audit and Control Association.

Isakowitz, T., Stohr, E. A., & Balasubramanian, P. (1995). RMM: A methodology for structured hypermedia design. *Communications of the ACM, 38*(8), 34–44.

Ishikawa, D. K. (1985). *What Is total quality control?: The Japanese way (business management)*. Upper Sadle River, NJ: Prentice Hall Trade.

ITGI. (2007). *COBIT mapping overview of international IT guidance* (2nd ed.). Rolling Meadows, IL: IT Governance Institute.

Jacobson, I., Booch, G., & Rumbaugh, J. (1999). *The unified software development process*. Addison-Wesley Longman Publishing Co., Inc.

Jacobson, I., Booch, G., & Rumbaugh, J. (1999). The unified process. *IEEE Software, 16*(3), 96.

James-Moore, S. M., & Gibbons, A. (1997). Is lean manufacture universally relevant? An investigative methodology. *International Journal of Operations & Production Management*, *17*(9), 899–911.

Joachim, N., Beimborn, D., & Weitzel, T. (2013). The influence of SOA governance mechanisms on IT flexibility and service reuse. *The Journal of Strategic Information Systems*, *22*(1), 86–101.

Juran, J. M. (1986). The quality trilogy. *Quality Progress*, *19*(8), 19–24.

Kale, E., Aknar, A., & Başar, Ö. (2018). Absorptive capacity and firm performance: The mediating role of strategic agility. *International Journal of Hospitality Management*. *78*, 276–283.

Kalle, L., & Rose, G. M. (2003). Disruptive information system innovation: The case of internet computing. *Information Systems Journal*, *13*(4), 301–330. https://doi.org/doi:10.1046/j.1365-2575.2003.00155.x

Kaplan, B., & Duchon, D. (1988). Combining qualitative and quantitative methods in information systems research: A case study'. *MIS Quarterly, 12*(4), 571–586.

Kaplan, R. S., Kaplan, R. S., Norton, D. P., & Norton, D. P. (1996). *The balanced scorecard: Translating strategy into action*. Boston, MA: Harvard Business Press.

Kasper, G. M. (1996). A theory of decision support system design for user calibration. *Information Systems Research*, *7*(2), 215–232.

Kaur, S. P., Kumar, J., & Kumar, R. (2017). The relationship between flexibility of manufacturing system components, competitiveness of smes and business performance: A study of manufacturing SMEs in Northern India. *Global Journal of Flexible Systems Management*, *18*(2), 123–137. https://doi.org/10.1007/s40171-016-0149-x

Kearney, P. M., Whelton, M., Reynolds, K., Muntner, P., Whelton, P. K., & He, J. (2005). Global burden of hypertension: analysis of worldwide data. *The Lancet*, *365*(9455), 217–223.

Keen, P. G. W. (1978). *Decision support systems: An organizational perspective*. Boston, MA: Addison Wesley.

Kets de Vries, M. F. R., & Balazs, K. (1998). Beyond the quick fix:: The psychodynamics of organizational transformation and change. *European Management Journal*, *16*(5), 611–622. https://doi.org/https://doi.org/10.1016/S0263-2373(98)00037-1

Kidd, P. T. (1994). Agile manufacturing: Key issues. In *Conference on the human aspects of advanced manufacturing*. Retrieved from www.Cheshirehenbury.com/Agility/Ampapers.html.

Kidd, P. T. (1995). *Agile manufacturing: Forging new frontiers*. Boston, MA: Addison-Wesley Longman Publishing Co., Inc.

Kidd, P. T. (1996). Agile manufacturing: A strategy for the 21st century. In *IEE Colloquium on Agile Manufacturing*. Digest No.1995/179 (pp. 1–6). Retrieved from www.Cheshirehenbury.com/Agility/Ampapers.html.

Kim, K. H., Beloglazov, A., & Buyya, R. (2009). Power-aware provisioning of cloud resources for real-time services. In *Proceedings of the 7th International Workshop on Middleware for Grids, Clouds and e-Science* (Vol. 1, pp. 1–16). Urbana Champaign, IL. https://doi.org/10.1145/1657120.1657121

Kim, W. (2009). Cloud computing: Status and prognosis. *Journal of Object Technology*, *8*(1), 65–72.

Kim, Y. T., Park, D. G., Kang, J., & Seo, K. S. (2008). Development of patch type sensor module for real-time monitoring of heart rate and agility index. *Proceedings of IEEE Sensors*, June, 1151–1154.

Klapwijk, T. M. (2004). Proximity effect from an Andreev perspective. *Journal of Superconductivity*, *17*(5), 593–611.

Klein, R. (2012). Assimilation of Internet-based purchasing applications within medical practices. *Information & Management*, *49*(3), 135–141. https://doi.org/https://doi.org/10.1016/j.im.2012.02.001

Knapp, K., Morris, R., E. Marshall, T., & Byrd, T. (2009). Information security policy: An organizational-level process model. In *Computers & Security*, 28, 493–508. https://doi.org/10.1016/j.cose.2009.07.001

Kshetri, N. (2013). Privacy and security issues in cloud computing: The role of institutions and institutional evolution. *Telecommunications Policy*, 37(4), 372–386. https://doi.org/https://doi.org/10.1016/j.telpol.2012.04.011

Kuan, K. K. Y., & Chau, P. Y. K. (2001). A perception-based model for EDI adoption in small businesses using a technology–organization–environment framework. *Information & Management*, 38(8), 507–521. https://doi.org/https://doi.org/10.1016/S0378-7206(01)00073-8

Kumar, R. L., & Stylianou, A. C. (2014). A process model for analyzing and managing flexibility in information systems. *European Journal of Information Systems*, 23(2), 151–184. https://doi.org/10.1057/ejis.2012.53

Kumbakara, N. (2008). Managed IT services: The role of IT standards. *Information Management and Computer Security*, 16(4), 336–359. https://doi.org/10.1108/09685220810908778.

Kunio, T. (2010). NEC cloud computing system. *NEC Technical Journal*, 5(2), 10–15.

Lacity, M. C., Willcocks, L. P., & Feeny, D. F. (1996). The value of selective IT sourcing. *Sloan Management Review*, 37, 13–25.

Lahtela, A., Jäntti, M., & Kaukola, J. (2010). Implementing an ITIL-based IT service management measurement system. In *4th International conference on digital society, ICDS 2010, Includes CYBERLAWS 2010: The 1st International conference on technical and legal aspects of the e-society*, St. Maarten, Netherlands. IEEE, pp. 249–254.

Landry, M., & Banville, C. (1992). A disciplined methodological pluralism for MIS research. *Accounting, Management and Information Technologies*, 2(2), 77–97.

Lee, G., & Xia, W. (2005). The ability of information systems development project teams to respond to business and technology changes: A study of flexibility measures. *European Journal of Information Systems*, 14(1), 75–92.

Lee, S., & Kim, K. (2007). Factors affecting the implementation success of Internet-based information systems. *Computers in Human Behavior*, 23(4), 1853–1880. https://doi.org/https://doi.org/10.1016/j.chb.2005.12.001

Lengnick-Hall, C. A., Beck, T. E., & Lengnick-Hall, M. L. (2011). Developing a capacity for organizational resilience through strategic human resource management. *Human Resource Management Review*, 21(3), 243–255. https://doi.org/https://doi.org/10.1016/j.hrmr.2010.07.001

Li, Y., Jia, X., Chen, Y., & Yin, C. (2014). Frequency agility MIMO-SAR imaging and anti-deception jamming performance. In *2014 31th URSI general assembly and scientific symposium, URSI GASS 2014*, Beijing, China, pp. 1–4.

Li, Z., Zhang, H., O'Brien, L., Cai, R., & Flint, S. (2013). On evaluating commercial Cloud services: A systematic review. *Journal of Systems and Software*, 86(9), 2371–2393.

Lian, J.-W., Yen, D. C., & Wang, Y.-T. (2014). An exploratory study to understand the critical factors affecting the decision to adopt cloud computing in Taiwan hospital. *International Journal of Information Management*, 34(1), 28–36. https://doi.org/https://doi.org/10.1016/j.ijinfomgt.2013.09.004

Lietz, P. (2008). *Questionnaire design in attitude and opinion research: Current state of an art*. Citeseer. Retrieved from http://citeseerx.ist.psu.edu/viewdoc/download?doi=10.1.1.477.1797&rep=rep1&type=pdf

Lim, K. H. (2009). Knowledge management systems diffusion in Chinese enterprises: A multistage approach using the technology-organization-environment framework. *Journal of Global Information Management (JGIM)*, 17(1), 70–84.

Lim, S. (2014). Impact of information technology infrastructure flexibility on the competitive advantage of small and medium sized-enterprises. *Journal of Business & Management*, 3(1), 1–12. https://doi.org/10.12735/jbm.v3i1p1

Lin, A., & Chen, N.-C. (2012). Cloud computing as an innovation: Percepetion, attitude, and adoption. *International Journal of Information Management, 32*(6), 533–540. https://doi.org/https://doi.org/10.1016/j.ijinfomgt.2012.04.001

Lin, H.-F., & Lin, S.-M. (2008). Determinants of e-business diffusion: A test of the technology diffusion perspective. *Technovation, 28*(3), 135–145. https://doi.org/https://doi.org/10.1016/j.technovation.2007.10.003

Lippert, S. K., & Govindrajulu, C. (2006). Technological, organizational, and environmental antecedents to web services adoption. *Communications of the IIMA, 6*(1), 146–158. https://doi.org/10.1017/CBO9781107415324.004

Lohr, B. S. (2007). Google and I.B.M. Join in 'cloud computing' research. *New York Times*, October 8, pp. 9–10.

Low, C., Wu, M., & Chen, Y. (2011). Understanding the determinants of cloud computing adoption. *Industrial Management & Data Systems, 111*(7), 1006–1023. https://doi.org/10.1108/02635571111161262

Lowenstein, D., & Slater, C. (2016). Reducing the cost of test through strategic asset management. In *AUTOTESTCON (Proceedings)*, Anaheim, Canada: IEEE, pp. 1–5.

Luo, X., Gurung, A., & Shim, J. P. (2010). Understanding the determinants of user acceptance of enterprise instant messaging: An empirical study. *Journal of Organizational Computing and Electronic Commerce, 20*(2), 155–181. https://doi.org/10.1080/10919391003709179

Lynn, T., Liang, X., Gourinovitch, A., Morrison, J. P., Fox, G., & Rosati, P. (2018, January). Understanding the determinants of cloud computing adoption for high performance computing. In *51st Hawaii International Conference on System Sciences (HICSS-51)* (pp. 3894–3903). University of Hawai'i at Manoa.

Lyytinen, K., & Damsgaard, J. (2011). Inter-organizational information systems adoption–a configuration analysis approach. *European Journal of Information Systems, 20*(5), 496–509.

Lyytinen, K., & Rose, G. M. (2003). The disruptive nature of information technology innovations: the case of internet computing in systems development organizations. *MIS Quarterly, 27*, 557–596.

Ma, Q., Pearson, J. M., & Tadisina, S. (2005). An exploratory study into factors of service quality for application service providers. *Information & Management, 42*(8), 1067–1080.

Maas, J. (1998). Leveraging the new infrastructure: How market leaders capitalize on information technology. *MIT Sloan Management Review, 40*(1), 104.

Mack, N., Woodsong, C., MacQueen, K. M., Guest, G., & Namey, E. (2005). *Qualitative research methods: A data collectors field guide*. Durham, NC: Family Health International.

Maes, K., De Haes, S., & Van Grembergen, W. (2013). Investigating a process approach on business cases: An exploratory case study at Barco. *International Journal of IT/Business Alignment and Governance (IJITBAG), 4*(2), 37–53.

Markus, M. L., & Benjamin, R. I. (1996). Change agentry-the next IS frontier. *MIS Quarterly, 20*, 385–407.

Marrone, M., Gacenga, F., Cater-Steel, A., & Kolbe, L. (2014). IT service management: A cross-national study of ITIL adoption. *Communications of the Association for Information Systems, 34*(1), 865–892.

Marrone, M., & Kolbe, L. M. (2011). Uncovering ITIL claims: IT executives' perception on benefits and Business-IT alignment. *Information Systems and E-Business Management, 9*(3), 363–380. https://doi.org/10.1007/s10257-010-0131-7

Marston, S, Bandyopadhyay, S., & Ghalsasi, A. (2011). Cloud computing – The business perspective. In *44th Hawaii International Conference on System Sciences* (pp. 1–11). Hawaii, USA https://doi.org/10.1109/HICSS.2011.102

Marston, S., Li, Z., Bandyopadhyay, S., Zhang, J., & Ghalsasi, A. (2011). Cloud computing – The business perspective. *Decision Support Systems, 51*(1), 176–189. https://doi.org/10.1016/j.dss.2010.12.006

Martens, B., & Teuteberg, F. (2012). Decision-making in cloud computing environments: A cost and risk based approach. *Information Systems Frontiers*, *14*(4), 871–893. https://doi.org/10.1007/s10796-011-9317-x

Mason, R. O., & Mitroff, I. I. (1973). A program for research on management information systems. *Management Science*, *19*(5), 475–487. https://doi.org/10.1287/mnsc.19.5.475

Mason-Jones, R., & Towill, D. R. (1999). Using the information decoupling point to improve supply chain performance. *The International Journal of Logistics Management*, *10*(2), 13–26.

Maximini, D., Maximini, & Rauscher. (2018). *Scrum culture*. Berlin: Springer.

Mazhelis, O., & Tyrväinen, P. (2012). Economic aspects of hybrid cloud infrastructure: User organization perspective. *Information Systems Frontiers*, *14*(4), 845–869. https://doi.org/10.1007/s10796-011-9326-9

McAvoy, J., Nagle, T., & Sammon, D. (2013). Using mindfulness to examine ISD agility. *Information Systems Journal*, *23*(2), 155–172.

McCann, J., Selsky, J., & Lee, J. (2009). Building agility, resilience and performance in turbulent environments. *People & Strategy*, *32*(3), 44–51.

McCarthy, I., & Tsinopoulos, C. (2003). Strategies for agility: An evolutionary and configurational approach. *Integrated Manufacturing Systems*, *14*(2), 103–113.

McNally, W. (1993). Total quality management. Three steps to continuous improvement. *Journal of the Operational Research Society*, *44*(1), 91–92.

McNaughton, B., Ray, P., & Lewis, L. (2010). Designing an evaluation framework for IT service management. *Information & Management*, *47*(4), 219–225.

Meredith, S., & Francis, D. (2000). Journey towards agility: The agile wheel explored. *The TQM Magazine*, *12*(2), 137–143.

Melarkode, A., From Poulsen, M., & Warnakulasuriya, S. (2004). Delivering agility through IT. *Business Strategy Review*, *15*(3), 45–50.

Metheny, M. (2013). Federal cloud computing. In *Federal cloud computing* (pp. 71–102). Amsterdam: Elsevier. https://doi.org/10.1016/B978-1-59-749737-4.00004-6

Meziani, R., & Saleh, I. (2010). E-government: ITIL-based service management case study. In *IiWAS2010 – 12th International conference on information integration and web-based applications and services*, Munich, Germany, pp. 509–516.

Mingers, J. (2001). Combining IS research methods: Towards a pluralist methodology. *Information Systems Research*, *12*(3), 240–259.

Mintzberg, H. (1973). *The nature of managerial work*. London: Pearson.

Misra, S. C., & Mondal, A. (2011). Identification of a company's suitability for the adoption of cloud computing and modelling its corresponding Return on Investment. *Mathematical and Computer Modelling*, *53*(3–4), 504–521. https://doi.org/10.1016/j.mcm.2010.03.037

Montalbano, E. (2012). Feds refine cloud security standards. *InformationWeek*. Retrieved from https://www.informationweek.com/cloud/feds-roll-out-cloud-security-guidelines/d/d-id/1093861?piddl_msgorder=asc

Morse, J. M. (1994). Designing funded qualitative research. In N. K. Denzin & Y. S. Lincoln (Eds.), *Handbook of qualitative research* (pp. 220-235). New York, NY: Sage Publications, Inc.

Morton, J., Stacey, P., & Mohn, M. (2018). Building and maintaining strategic agility: an agenda and framework for executive IT leaders. *California Management Review*, *61*(1), 94–113.

Moy, B. (2018). PROGame: A process framework for serious game development for motor rehabilitation therapy. *PloS One*, *13*, 1–18.

Muñoz, A., Gonzalez, J., & Maña, A. (2012). A performance-oriented monitoring system for security properties in cloud computing applications. *The Computer Journal*, *55*(8), 979–994. Retrieved from http://dx.doi.org/10.1093/comjnl/bxs042

Murphy, K., Lyytinen, K., & Somers, T. (2018). A socio-technical model for project-based executive IT governance. In *Proceedings of the 51st Hawaii International Conference on System Sciences* (Vol. 9, pp. 4825–4834). Hawaii, USA

Nagel, R. N. (1992). *21st century manufacturing enterprise strategy report*. Report no. 53. US Defence Technical Information Center. Retrieved from https://doi.org/http://books.google.co.uk/books?id=dSjsn_ECSSsC&pg=PP2&lpg=PP2&dq=Iacocca+Institute,+21st+Century+Manufacturing+Enterprise+Strategy,+Lehigh+University,+Bethlehem,+PA,+1991&source=bl&ots=uvnVNNf99X&sig=n-ssc_wIoQcntirxsHyi7xUPHbU&hl=en&sa=X&ei=WKHPUtj1GMSB

Nagel, R. N., & Dove, R. (1991). *21st century manufacturing enterprise strategy: An industry-led view*. Darby, PA: Diane Publishing.

Narain, R., Yadav, R. C., Sarkis, J., & Cordeiro, J. J. (2000). The strategic implications of flexibility in manufacturing systems. *International Journal of Agile Management Systems, 2*(3), 202–213.

Nelson, A., & Harvey, F. A. (1995). Technologies for training and supporting your agile workforce. In *4th Agility Forum Annual Conference on Creating the Agile Organization: Models, Metrics and Pilots*. (pp. 92–100). Atlanta, GA.

Neto, J. S., CGEIT, C., Assessor, C. C., & de Luca Ribeiro, C. H. (2014). Is COBIT 5 process implementation a wicked problem? *COBIT Focus, 2*, 8–10.

Newcomer, E. (2002). *Understanding web services: XML, Wsdl, Soap, and UDDI*. Boston, MA: Addison-Wesley Professional.

Newkirk, H. E., & Lederer, A. L. (2006). The effectiveness of strategic information systems planning under environmental uncertainty. *Information & Management, 43*(4), 481–501.

Nfuka, E. N., & Rusu, L. (2011). The effect of critical success factors on IT governance performance. *Industrial Management & Data Systems, 111*(9), 1418–1448. https://doi.org/10.1108/02635571111182773

Nkhoma, M., & Dang, D. (2013). Contributing factors of cloud computing adoption: A technology-organisation-environment framework approach. *International Journal of Information Systems and Engineering (IJISE), 1*(1), 38–49.

Oetzel, J. M. (2004). Differentiation advantages in the on-line brokerage industry. *International Journal of Electronic Commerce, 9*(1), 105–126.

Ohno, T. (1988). *Toyota production system: Beyond large-scale production*. Boca Raton, FL: CRC Press.

Oliveira, T., & Martins, M. F. (2011). Literature review of information technology adoption models at firm level. *The Electronic Journal Information Systems Evaluation (EJISE), 14*(1), 110–121.

Oliveira, T., & Martins, M. F. (2010). Understanding e-business adoption across industries in European countries. *Industrial Management and Data Systems, 110*(9), 1337–1354. https://doi.org/10.1108/02635571011087428

Oliveira, T., Thomas, M., & Espadanal, M. (2014). Assessing the determinants of cloud computing adoption: An analysis of the manufacturing and services sectors. *Information and Management, 51*(5), 497–510. https://doi.org/10.1016/j.im.2014.03.006

Oliver, D., & Lainhart, J. (2012). COBIT 5: Adding value through effective geit. *EDPACS, 46*(3), 1–12. https://doi.org/10.1080/07366981.2012.706472

Olson, M. H. (1985). *Management information systems: Conceptual foundations, structure, and development*. New York, NY: McGraw-Hill.

Omari, L. A., Barnes, P. H., & Pitman, G. (2012). An exploratory study into audit challenges in IT governance: A Delphi approach. In the *Symposium on IT Governance, Management and Audit*. Retrieved from https://eprints.qut.edu.au/53110/

Otto, B. (2010). IT governance and organizational transformation: Findings from an action research study. *In AMCIS* (p. 421). Lima, Peru.

Overby, E., Bharadwaj, A., & Sambamurthy, V. (2006). Enterprise agility and the enabling role of information technology. *European Journal of Information Systems, 15*(2), 120–131.

Oztemel, E., & Gursev, S. (2020). Literature review of Industry 4.0 and related technologies. *Journal of Intelligent Manufacturing, 31*(1), 127–182.

Park, J. O., Kim, S. G., Choi, B. H., & Jun, M. S. (2008). The study on the maturity measurement method of security management for ITSM. In *Proceedings – 2008 International conference on convergence and hybrid information technology, ICHIT 2008*, Busan, Korea: IEEE, pp. 826–830.

Park, Y., El Sawy, O. A., & Fiss, P. C. (2017). The role of business intelligence and communication technologies in organizational agility: A Configurational Approach. *Journal of the Association for Information Systems, 18*(9), 648–686.

Parker, G. (1996). *The military revolution: Military innovation and the rise of the west, 1500-1800*. Cambridge: Cambridge University Press.

Pearlson, K. E., & Saunders, C. S. (2006). *Managing and using information systems*. Hoboken, NJ: Wiley.

Pereira, A. C., & Romero, F. (2017). A review of the meanings and the implications of the industry 4.0 concept. *Procedia Manufacturing, 13*, 1206–1214.

Peters, T. J., & Waterman, R. H. (1984). In search of excellence. *Nursing Administration Quarterly, 8*(3), 85–86.

Peterson, R. R. (2001). Configurations and coordination for global information technology governance: Complex designs in a transnational european context. In *Proceedings of the Hawaii International Conference on System Sciences* (p. 217). https://doi.org/10.1109/HICSS.2001.927133

Pinsonneault, A., & Rivard, S. (1998). Information technology and the nature of managerial work: From the productivity paradox to the Icarus paradox? *MIS Quarterly, 22*, 287–311.

Prager, K. P. (1996). Managing for flexibility: the new role of the aligned IT organization. *Information Systems Management, 13*(4), 41–46.

Premkumar, G., & Roberts, M. (1999). Adoption of new information technologies in rural small businesses. *Omega, 27*(4), 467–484. https://doi.org/https://doi.org/10.1016/S0305-0483(98)00071-1

Prerna, L., & Shah, B. S. (2016). Understanding the impact of cloud-based services adoption on organizational flexibility: An exploratory study. *Journal of Enterprise Information Management, 29*(4), 566–588. https://doi.org/10.1108/JEIM-04-2015-0028

Queiroz, M., Tallon, P. P., Sharma, R., & Coltman, T. (2018). The role of IT application orchestration capability in improving agility and performance. *Journal of Strategic Information Systems, 27*(1), 4–21. https://doi.org/10.1016/j.jsis.2017.10.002

Raghupathi, W. (2007). Corporate governance of IT: A framework for development. *Communications of the ACM, 50*(8), 94–99. https://doi.org/10.1145/1278201.1278212

Ramasesh, R., Kulkarni, S., Jayakumar, M., Jin-Hai, L., Anderson, A. R., & Harrison, R. T. (2001). Integrated manufacturing systems agility in manufacturing systems: An exploratory modeling framework and simulation. *International Journal of Operations & Production Management, 12*(5), 534–548. https://doi.org/10.1108/EUM0000000006236

Ramdani, B., Kawalek, P., & Lorenzo, O. (2009). Predicting SMEs' adoption of enterprise systems. *Journal of Enterprise Information Management, 22*, 10–24. https://doi.org/10.1108/17410390910922796

Ramesh, B., Mohan, K., & Cao, L. (2012). Ambidexterity in agile distributed development: An empirical investigation. *Information Systems Research, 23*(2), 323–339.

Ramesh, J. V, Singh, S. K., & Sharma, M. (2011). Development of private cloud for educational institution using aneka grid container. In *Proceedings of the International*

Conference & *Workshop on Emerging Trends in Technology* (pp. 244–247). Mumbai, India https://doi.org/10.1145/1980022.1980078

Ramírez-Mora, S. L., Oktaba, H., & Patlán Pérez, J. (2020). Group maturity, team efficiency, and team effectiveness in software development: A case study in a CMMI-DEV Level 5 organization. *Journal of Software: Evolution and Process, 32*(4), e2232. https://doi.org/10.1002/smr.2232

Rattner, L., & Reid, R. A. (1994). The information processing roles for mid-level production management in agile manufacturing. *IEEE Humans, Information and Technology, 1,* 518–524.

Ravichandran, T. (2018). Exploring the relationships between IT competence, innovation capacity and organizational agility. *The Journal of Strategic Information Systems, 27*(1), 22–42.

Ren, J., Yusuf, Y. Y., & Burns, N. D. (2003). The effects of agile attributes on competitive priorities: a neural network approach. *Integrated Manufacturing Systems, 14*(6), 489–497.

Revans, R. (1983). *ABC of action learning*. Bromley, KY: Chartwell-Bratt.

Ribeiro, J., & Gomes, R. (2009). IT governance using COBIT implemented in a High Public Educational Institution – A case study. *In Proceedings of the 3rd International Conference on European Computing Conference*, September (pp. 41–52). Retrieved from wseas.us/e-library/conferences/2009/georgia/CCI/CCI04.pdf

Rimienė, K. (2011). Supply chain agility concept evolution (1990-2010). *Economics & Management, 16*.

Ringle, C. M., Sinkovics, R. R., & Henseler, J. (2009). The use of partial least squares path modeling in international marketing. In *Advances in International Marketing: Vol. 20. New Challenges to International Marketing* (pp. 277–319). Bingley: Emerald. https://doi.org/doi:10.1108/S1474-7979(2009)0000020014

Robson, W. (1998). Strategic management and information systems: An integrated Approach. *Systems Research and Behavioral Science, 15*(4), 347–350.

Rockart, J., Earl, M., & Ross, J. (1996). Eight imperatives for the new IT organization. *Sloan Management Review, 38*(1), 43–55.

Rogers, E. M. (2003). *Diffusion of innovations* (5th ed). New York, NY: Free Press.

Roman, D., Keller, U., Lausen, H., De Bruijn, J., Lara, R., Stollberg, M., … Fensel, D. (2005). Web service modeling ontology. *Applied Ontology, 1*(1), 77–106.

Ross, J., & Beath, C. (2006). Sustainable IT outsourcing success: Let enterprise architecture be your guide. *MIS Quarterly Executive, 5*(4), 7.

Rother, M. (2019). *Toyota Kata: Managing people for improvement, adaptiveness and superior results*. New York, NY: MGH.

Saha, N., Gregar, A., Van der Heijden, B. I. J. M., & Sáha, P. (2019). The influence of SHRM and organizational agility: Do they really boost organizational performance? In Ç. Doğru (Ed.), *Handbook of research on contemporary approaches in management and organizational strategy* (pp. 62–83). Hershey, PA: IGI Global.

Sahid, A., Maleh, Y., & Belaissaoui, M. (2018). A practical agile framework for IT service and asset management ITSM/ITAM through a case study. *Journal of Cases on Information Technology, 20*(4), 71–92.

Sambamurthy, V., Bharadwaj, A., & Grover, V. (2003). Shaping agility through digital options: Reconceptualizing the role of information technology in contemporary firms. *MIS Quarterly, 27*(2), 237–263.

Sanchez, L. M., & Nagi, R. (2001). A review of agile manufacturing systems. *International Journal of Production Research, 39*(16), 3561–3600.

Sandu, R., & Gide, E. (2018). Technological, organisational and environmental (TOE) factors that influence the adoption of cloud based service SMEs in India. In *IEEE 11th International Conference on Cloud Computing (CLOUD)* (pp. 866–870). San Francisco, CA. https://doi.org/10.1109/CLOUD.2018.00123

Sangle, S. (2011). Adoption of cleaner technology for climate proactivity: a technology–firm–stakeholder framework. *Business Strategy and the Environment, 20*(6), 365–378.

Sarker, S. [Saonee], & Sarker, S. [Suprateek]. (2009). Exploring agility in distributed information systems development teams: An interpretive study in an offshoring context. *Information Systems Research, 20*(3), 440–461.

Sarkis, J. (2001). Benchmarking for agility. *Benchmarking: An International Journal, 8*(2), 88–107.

Sassone, P. G. (1988). A survey of cost-benefit methodologies for information systems. *Project Appraisal, 3*(2), 73–84.

Sawas, M. S., & Watfa, M. K. (2015). The impact of cloud computing on information systems agility. *Australasian Journal of Information Systems, 19*, 97–112. https://doi.org/10.3127/ajis.v19i0.930

Sawhney, N., & Schmandt, C. (2000). Nomadic radio: Speech and audio interaction for contextual messaging in nomadic environments. *ACM Transactions on Computer-Human Interaction (TOCHI), 7*(3), 353–383.

Schapiro, S. B., & Henry, M. H. (2012). Engineering agile systems through architectural modularity. In *SysCon 2012 – 2012 IEEE international systems conference, proceedings*, Vancouver, Canada.: IEEE, pp. 28–33.

Schmidt, C., & Buxmann, P. (2011). Outcomes and success factors of enterprise IT architecture management: Empirical insight from the international financial services industry. *European Journal of Information Systems, 20*(2), 168–185.

Scheer, A.-W., & Habermann, F. (2000). Enterprise resource planning: Making ERP a success. *Communications of the ACM, 43*(4), 57–61.

Schneiderman, R. (2011). For cloud computing, the sky is the limit [special reports]. *IEEE Signal Processing Magazine, 28*(1), 15–144.

Senarathna, I., Wilkin, C., Warren, M., Yeoh, W., & Salzman, S. (2018). Factors that influence adoption of cloud computing: An empirical study of Australian SMEs. *Australasian Journal of Information Systems, 22*.

Senarathna, R. (2016). *Cloud computing adoption by SMEs in Australia*. PhD. Thesis, Faculty of Business and Law, Melbourne, Victoria, Australia.

Sengupta, K., & Masini, A. (2008). IT agility: Striking the right balance. *Business Strategy Review, 19*(2), 42–48. https://doi.org/10.1111/j.1467-8616.2008.00534.x

Senn, J. A. (1978). Essential principles of information systems development. *MIS Quarterly, 2*, 17–26.

Shah Alam, S., Ali, M. Y., & Mohd Jani, M. (2011). An empirical study of factors affecting electronic commerce adoption among SMEs in Malaysia. *Journal of Business Economics and Management, 12*(2), 375–399. https://doi.org/10.3846/16111699.2011.576749

Sharif, A. M., Irani, Z., & Love, P. E. D. (2005). Integrating ERP using EAI: A model for post hoc evaluation. *European Journal of Information Systems, 14*(2), 162–174.

Sharifi, H., & Zhang, Z. (1999). Methodology for achieving agility in manufacturing organisations: An introduction. *International Journal of Production Economics, 62*(1), 7–22. https://doi.org/10.1016/S0925-5273(98)00217-5

Sharp, J. M., Bamber, C. J., Desia, S., & Irani, Z. (1999). An empirical analysis of lean & agile manufacturing. In *Proceedings of the IMechE Conference on Lean & Agile for the Next Millennium*, March 9. City University, London, UK.

Sharp, J. M., Irani, Z., & Desai, S. (1999). Working towards agile manufacturing in the UK industry. *International Journal of Production Economics, 62*(1–2), 155–169.

Shein, C., Robinson, H. E., & Gutierrez, H. (2018). Agility in the archives: Translating agile methods to archival project management. *RBM: A Journal of Rare Books, Manuscripts, and Cultural Heritage, 19*(2), 94.

Shen, Z., & Tong, Q. (2010). The security of cloud computing system enabled by trusted computing technology. In *IEEE 2nd International Conference on Signal Processing Systems (ICSPS)* (Vol. 2, pp. V2–11). Dalian, China.

Shore, B. (2006). Enterprise integration across the globally disbursed service organization. *Communications of the ACM, 49*(6), 102–106.

Sia, S. K., Koh, C., & Tan, C. X. (2008). Strategic maneuvers for outsourcing flexibility: An empirical assessment. *Decision Sciences, 39*(3), 407–443.

Siegel, J., & Perdue, J. (2012). Cloud services measures for global use: the service measurement index (SMI). In *IEEE SRII Global Conference (SRII) Annual* (pp. 411–415). San Jose, CA.

Sila, I. (2010). Do organisational and environmental factors moderate the effects of Internet-based interorganisational systems on firm performance? *European Journal of Information Systems, 19*(5), 581–600.

Silva Molina, E. J., Plazaola, L., Flores, J., & Vargas, N. (2005). How to identify and measure the level of alignment between IT and business governance. In *PICMET*. Portland, OR, USA.

Simonsson, M., & Johnson, P. (2006). Assessment of IT governance – A prioritization of cobit. In *Proceedings of the Conference on Systems Engineering Research*. Los Angeles, CA, December. Retrieved from http://sse.stevens.edu/fileadmin/cser/2006/papers/151-Simonsson-Assessment of IT Governance.pdf

Simonsson, M., Johnson, P., & Wijkström, H. (2007). Model-based IT governance maturity assessments with COBIT. *In ECIS* (pp. 1276–1287). St. Gallen, Switzerland.

Singh, M. P., Huhns, M. N., & Huhns, M. N. (2005). *Service-oriented computing: semantics, processes, agents*. Hoboken, NJ: John Wiley & Sons.

Sitaram, D., & Manjunath, G. (2012). Moving to the cloud. *Moving To The Cloud, 2*(1), 1–10. https://doi.org/10.1016/C2010-0-66389-9

Skafi, M., Yunis, M. M., & Zekri, A. (2020). Factors influencing SMEs' adoption of cloud computing services in Lebanon: An empirical analysis using TOE and contextual theory. *IEEE Access, 8*, 79169–79181. https://doi.org/10.1109/ACCESS.2020.2987331

Skinner, W. (1969). Manufacturing-missing link in corporate strategy. *Harvard Business Review, 47*(3), 136–145.

Small, A. W., & Downey, E. A. (1996). Orchestrating multiple changes: A framework for managing concurrent changes of varied type and scope. In *IEMC 96 proceedings. International conference on engineering and technology management. managing virtual enterprises: A convergence of communications, computing, and energy technologies*, Atlanta, GA, USA. IEEE, pp. 627–634.

Soltero, C., & Boutier, P. (2017). *The 7 Kata: Toyota Kata, TWI, and lean training*. Boca Raton, FL: CRC Press.

Sonehara, N., Echizen, I., & Wohlgemuth, S. (2011). Isolation in cloud computing and privacy-enhancing technologies: Suitability of privacy-enhancing technologies for separating data usage in business processes. *Business and Information Systems Engineering, 3*(3), 155–162. https://doi.org/10.1007/s12599-011-0160-x

Stanoevska, K., Wozniak, T., & Ristol, S. (2009). *Grid and cloud computing: a business perspective on technology and applications*. Berlin: Springer Science & Business Media.

Stein, M. K., Galliers, R. D., & Whitley, E. A. (2016). Twenty years of the European information systems academy at ECIS: Emergent trends and research topics. *European Journal of Information Systems, 25*(1), 1–15. https://doi.org/10.1057/ejis.2014.25

Stettina, C. J., & Kroon, E. (2013, June). Is there an agile handover? An empirical study of documentation and project handover practices across agile software teams. In *2013 International Conference on Engineering, Technology and Innovation (ICE) & IEEE International Technology Management Conference* (pp. 1–12). IEEE.

Stettina, C. J., Zhao, Z., Back, T., & Katzy, B. (2013). Academic education of software engineering practices: Towards planning and improving capstone courses based upon intensive coaching and team routines. In *Software engineering education conference, proceedings*, San Francisco, USA, pp. 169–178.

Steuperaert, D. (2019). COBIT 2019: A significant update. *EDPACS, 59*(1), 14–18. https://doi.org/10.1080/07366981.2019.1578474

Strange, R., & Zucchella, A. (2017). Industry 4.0, global value chains and international business. *Multinational Business Review, 25*(3), 174–184.

Strauss, A., & Corbin, J. (1998). *Basics of qualitative research: Procedures and techniques for developing grounded theory*. Thousand Oaks, CA: Sage.

Sultan, N. (2010). Cloud computing for education: A new dawn? *International Journal of Information Management, 30*(2), 109–116. https://doi.org/10.1016/j.ijinfomgt.2009.09.004

Susarla, A., Barua, A., & Whinston, A. B. (2006). Understanding the 'service' component of application service provision: an empirical analysis of satisfaction with ASP services. In R. Hirschheim, A. Heinzl, & J. Dibbern (Eds.), *Information systems outsourcing* (pp. 481–521). Berlin: Springer.

Swafford, P. M. (2004). *Theoretical development and empirical investigation of supply chain agility*. Atlanta, GA: Georgia Institute of Technology.

Swafford, P. M., Ghosh, S., & Murthy, N. (2008). Achieving supply chain agility through IT integration and flexibility. *International Journal of Production Economics, 116*(2), 288–297. https://doi.org/https://doi.org/10.1016/j.ijpe.2008.09.002

Takeuchi, H., & Nonaka, I. (1986). The new product development game. *Harvard Business Review, 64*(1), 137–146.

Tan, B., Pan, S. L., Lu, X., & Huang, L. (2009). Leveraging digital business ecosystems for enterprise agility: The tri-logic development strategy of Alibaba.Com. In *ICIS 2009 proceedings - Thirtieth international conference on information systems*, Phoenix, AZ, USA.

Tan, C., & Sia, S. K. (2006). Managing flexibility in outsourcing. *Journal of the Association for Information Systems, 7*(4), 10.

Tan, W. G., Cater-Steel, A., & Toleman, M. (2009). Implementing IT service management: A case study focussing on critical success factors. *Journal of Computer Information Systems, 50*(2), 1–12.

Tan, X., & Ai, B. (2011). The issues of cloud computing security in high-speed railway. In *IEEE International Conference on Electronic and Mechanical Engineering and Information Technology (EMEIT)* (Vol. 8, pp. 4358–4363).

Tankard, C., & Pathways, D. (2016). What the GDPR means for. *Network Security, 2016*(6), 5–8. https://doi.org/10.1016/S1353-4858(16)30056-3

Tanriverdi, H., Rai, A., & Venkatraman, N. (2010). Research commentary – Reframing the dominant quests of information systems strategy research for complex adaptive business systems. *Information Systems Research, 21*(4), 822–834.

Tashakkori, A., & Creswell, J. W. (2007). Editorial: The new era of mixed methods. *Journal of Mixed Methods Research, 1*, 3–7. https://doi.org/10.1177/2345678906293042

Teece, D., & Pisano, G. (1994). The dynamic capabilities of firms: An introduction. *Industrial and Corporate Change, 3*(3), 537–556.

Termini, M. J. (1996). *The new manufacturing Engineer: Coming of age in an agile environment*. ISBN: 978-0872634794. Southfield, MI: Society of Manufacturing Engineers.

Thiesse, F., Staake, T., Schmitt, P., & Fleisch, E. (2011). The rise of the "next-generation bar code": An international RFID adoption study. *Supply Chain Management, 16*(5), 328–345. https://doi.org/10.1108/13598541111155848

Thomas, M. A., Redmond, R. T., & Weistroffer, H. R. (2009). Moving to the cloud: Transitioning from client-server to service architecture. *Journal of Service Science, 2*(1), 1–10.

Thomson, S. B. (2010). Grounded theory - Sample size. *Journal of Administration and Governance, 5*(1), 45–52.

Tidd, J. B., & Bessant, J. (1997). *Managing innovation, integrating technological, market and organisational change*. Chichester: John Wiley & Sons.

Tiwana, A., Konsynski, B., & Bush, A. A. (2010). Research commentary – Platform evolution: Coevolution of platform architecture, governance, and environmental dynamics. *Information Systems Research, 21*(4), 675–687.

Towill, D., & Christopher, M. (2002). The supply chain strategy conundrum: To be lean or agile or to be lean and agile? *International Journal of Logistics, 5*(3), 299–309.

Tornatzky, L. G., Fleischer, M., & Chakrabarti, A. K. (1990). The processes of technological innovation. Issues in organization and management series. *Lexington Books*. Retrieved from Http://Www.Amazon.Com/Processes-Technological-Innovation-Organization/Management/Dp/0669203483. Accessed on June 10, 2013.

Trabelsi, L., & Abid, I. H. (2013). Urbanization of information systems as a trigger for enhancing agility: A state in the Tunisian firms. *European Journal of Business and Management, 5*(5), 63–77.

Trigueros-Preciado, S., Pérez-González, D., & Solana-González, P. (2013). Cloud computing in industrial SMEs: Identification of the barriers to its adoption and effects of its application. *Electronic Markets, 23*(2), 105–114. https://doi.org/10.1007/s12525-012-0120-4

Trisha, G., Glenn, R., Fraser, M., Paul, B., & Olivia, K. (2004). Diffusion of innovations in service organizations: systematic review and recommendations. *The Milbank Quarterly, 82*(4), 581–629. https://doi.org/10.1111/j.0887-378X.2004.00325.x

Truex, D. P., Baskerville, R., & Klein, H. (1999). Growing systems in emergent organizations. *Communications of the ACM, 42*(8), 117–123.

Tsai, M.-C., Lee, W., & Wu, H.-C. (2010). Determinants of RFID adoption intention: Evidence from Taiwanese retail chains. *Information & Management, 47*(5), 255–261. https://doi.org/https://doi.org/10.1016/j.im.2010.05.001

Tucci, J., Mitchell, J., & Goddard, C. (2007). *Children's fears, hopes and heroes*. Melbourne: Australian Childhood Foundation, June.

Turban, E. (2007). *Information technology for management: Transforming organizations in the digital economy*. Hoboken, NJ: John Wiley & Sons, Inc.

Turel, O., & Bart, C. (2014). Board-level IT governance and organizational performance. *European Journal of Information Systems, 23*(2), 223–239.

Upton, D. M. (1994). The management of manufacturing flexibility. *California Management Review, 36*(2), 72–89.

Valentine, E. L. H. (2016). *Enterprise technology governance: New information and technology core competencies for boards of directors*. Doctoral Dissertation, Queensland University of Technology, Brisbane, Australia (pp. 1–295). https://doi.org/10.13140/RG.2.2.34027.95529

Van Grembergen, W. (Ed.). (2004). *Strategies for information technology governance*. Igi Global.

van Grembergen, W., & De Haes, S. (2009a). Enterprise governance of information technology: achieving strategic alignment and value. *Springer Science & Business Media*.

van Grembergen, W., & De Haes, S. (2009b). COBIT as a framework for enterprise governance of IT BT. In S. De Haes & W. Van Grembergen (Eds.), *Enterprise governance of information technology: Achieving strategic alignment and value* (pp. 137–164). Boston, MA: Springer. https://doi.org/10.1007/978-0-387-84882-2_5

van Grembergen, W., De Haes, S., & Guldentops, E. (2004). Structures, processes and relational mechanisms for IT governance. In *Strategies for information technology governance* (pp. 1–36). Hershey, PA: Igi Global.

Van Hoek, R. I., Harrison, A., & Christopher, M. (2001). Measuring agile capabilities in the supply chain. *International Journal of Operations and Production Management, 21*(1–2), 126–147.

Vaughan-Nichols, S. J. (2002). Web services: Beyond the hype. *Computer, 35*(2), 18–21.

Vázquez-Bustelo, D., Avella, L., & Fernández, E. (2007). Agility drivers, enablers and outcomes. *International Journal of Operations & Production Management, 27*(12), 1303–1332. https://doi.org/10.1108/01443570710835633

Venkatesh, V., & Brown, S. A. (2013). Research essay bridging the qualitative – Quantitative divide: Guidelines for conducting mixed methods. *MIS Quarterly*, *37*, 21–54.

Von Solms, B. (2005). Information security governance: COBIT or ISO 17799 or both? *Computers and Security*, *24*(2), 99–104. https://doi.org/10.1016/j.cose.2005.02.002

Vouk, M. A. (2008). Cloud computing –Issues, research and implementations. In *ITI 2008 – 30th International Conference on Information Technology Interfaces* (pp. 235–246). Dubrovnik, Croatia. https://doi.org/10.1109/ITI.2008.4588381

Wagire, A. A., Rathore, A. P. S., & Jain, R. (2019). Analysis and synthesis of industry 4.0 research landscape. *Journal of Manufacturing Technology Management*.

Wagire, A. A., Rathore, A. P.S., & Jain, R. (2020). Analysis and synthesis of industry 4.0 research landscape: Using latent semantic analysis approach. *Journal of Manufacturing Technology Management*, *31*(1), 31–51.

Walls, J. G., Widmeyer, G. R., & El Sawy, O. A. (1992). Building an information system design theory for vigilant EIS. *Information Systems Research*, *3*(1), 36–59.

Walterbusch, M., Martens, B., & Teuteberg, F. (2013). Evaluating cloud computing services from a total cost of ownership perspective. *Management Research Review*, *36*(6), 613–638. https://doi.org/10.1108/01409171311325769

Walters, G. J. (2001). Privacy and security: An ethical analysis. *ACM SIGCAS Computers and Society*, *31*(2), 8–23.

Wang, H. (2010). Privacy-preserving data sharing in cloud computing. *Journal of Computer Science and Technology*, *25*(3), 401–414. https://doi.org/10.1007/s11390-010-9333-1

Wang, N., Xue, Y., Liang, H., & Ge, S. (2011). The road to business-IT alignment: A case study of two chinese companies. *Communications of AIS*, *2011*(28), 415–436. Retrieved from http://content.ebscohost.com/ContentServer.asp?T=P&P=AN&K=70400209&S=R&D=buh&EbscoContent=dGJyMNLe80Sep7A4yOvqOLCmr0qeprJSsai4TLSWxWXS&ContentCustomer=dGJyMPGnr0m0r7JJuePfgeyx44Dt6fIA%5Cnhttp://www.redi-bw.de/db/ebsco.php/search.ebscohost.com/login.aspx?d

Wang, X., Conboy, K., & Pikkarainen, M. (2012). Assimilation of agile practices in use. *Information Systems Journal*, *22*(6), 435–455.

Wang, Y.-M., Wang, Y.-S., & Yang, Y.-F. (2010). Understanding the determinants of RFID adoption in the manufacturing industry. *Technological Forecasting and Social Change*, *77*(5), 803–815.

Wang, Z., Li, B., Sun, L., & Yang, S. (2012). Cloud-based social application deployment using local processing and global distribution. In *Proceedings of the 8th International Conference on Emerging Networking Experiments and Technologies* (pp. 301–312). Nice, France. https://doi.org/10.1145/2413176.2413211

Warland, C., & Ridley, G. (2005). Awareness of IT control frameworks in an australian state government: A qualitative case study. In *Proceedings of the 38th Annual Hawaii International Conference on System Sciences* (pp. 236b–236b). Big Island, HI, USA. https://doi.org/10.1109/HICSS.2005.116

Webb, P., Pollard, C., & Ridley, G. (2006). Attempting to define IT governance: Wisdom or folly? In *Proceedings of the Annual Hawaii International Conference on System Sciences* (Vol. 8(C), pp. 1–10). Kauai, HI, USA. https://doi.org/10.1109/HICSS.2006.68

Weill, P., & Ross, J. W. (2004). How top performers manage IT decisions rights for superior results. In *IT Governance* (pp. 1–10). Boston, MA: Harvard Business School Press. https://doi.org/10.2139/ssrn.664612

Weinhardt, C., Anandasivam, A., Blau, B., Borissov, N., Meinl, T., Michalk, W., & Stößer, J. (2009). Cloud computing – A classification, business models, and research directions. *Business & Information Systems Engineering*, *1*(5), 391–399. https://doi.org/10.1007/s12599-009-0071-2

Wenzler, I. (2005), Development of an asset management strategy for a network utility company: Lessons from a dynamic business simulation approach. *Simulation Gaming*, *36*(1), 75–90.

West, L. A. Jr, & Hess, T. J. (2002). Metadata as a knowledge management tool: supporting intelligent agent and end user access to spatial data. *Decision Support Systems*, *32*(3), 247–264.

Wickramasinghe, N. (2003). Do we practise what we preach? Are knowledge management systems in practice truly reflective of knowledge management systems in theory? *Business Process Management Journal*, *9*(3), 295–316.

Wiederhold, G. (1992). Mediators in the architecture of future information systems. *Computer*, *25*(3), 38–49.

Willcocks, L. (2013). *Information management: The evaluation of information systems investments*. Berlin: Springer. https://doi.org/10.1007/978-1-4899-3208-2

Williams, S. P., Hardy, C. A., & Holgate, J. A. (2013). Information security governance practices in critical infrastructure organizations: A socio-technical and institutional logic perspective. *Electronic Markets*, *23*(4), 341–354. https://doi.org/10.1007/s12525-013-0137-3

Willmott, P. (1994). *Total productive maintenance*. Oxford: Butterworth-Heinemann.

Winniford, M., Conger, S., & Erickson-Harris, L. (2009). Confusion in the ranks: IT service management practice and terminology. *Information Systems Management*, *26*(2), 153–163.

Womack, J. P., Womack, J. P., Jones, D. T., & Roos, D. (1990). *Machine that changed the world*. New York, NY: Simon and Schuster.

Woo, H., Lee, S., Huh, J.-H., & Jeong, S. (2020). Impact of ITSM military service quality and value on service trust. *Journal of Multimedia Information System*, *7*(1), 55–72. https://doi.org/10.33851/JMIS.2020.7.1.55

Wood, D. J. (2010). *Assessing IT governance maturity: The case of San Marcos, Texas*. Masters Thesis, Texas State University, San Marcos, TX.

Wu, L., Yue, X., Jin, A., & Yen, D. C. (2016). Smart supply chain management: A review and implications for future research. *International Journal of Logistics Management*, *27*(2), 395–417.

Wu, W.-W. (2011). Mining significant factors affecting the adoption of SaaS using the rough set approach. *Journal of Systems and Software*, *84*(3), 435–441.

Wu, W.-W., Lan, L. W., & Lee, Y.-T. (2011). Exploring decisive factors affecting an organization's SaaS adoption: A case study. *International Journal of Information Management*, *31*(6), 556–563.

Wu, Y. (2019). IS-enabled supply chain agility. In *Achieving supply chain agility* (pp. 11–66). Berlin: Springer.

Wu, Y., Cegielski, C. G., Hazen, B. T., & Hall, D. J. (2013). Cloud computing in support of supply chain information system infrastructure: Understanding when to go to the cloud. *Journal of Supply Chain Management*, *49*(3), 25–41.

Xiao, H., Ford, B., & Feigenbaum, J. (2013). Structural cloud audits that protect private information. In *Proceedings of the 2013 ACM Workshop on Cloud Computing Security Workshop* (pp. 101–112). Berlin, Germany. https://doi.org/10.1145/2517488.2517493

Xiaoying, D., Qianqian, L., & Dezhi, Y. (2008). Business performance, business strategy, and information system strategic alignment: An empirical study on chinese firms. *Tsinghua Science and Technology*, *13*(3), 348–354. https://doi.org/10.1016/S1007-0214(08)70056-7

Xu, J., & Quaddus, M. (2012). Examining a model of knowledge management systems adoption and diffusion: A Partial Least Square approach. *Knowledge-Based Systems*, *27*, 18–28.

Xue, Y., Liang, H., & Boulton, W. R. (2008). Information technology governance in information technology investment decision processes: The impact of investment characteristics, external environment, and internal context. *MIS Quarterly: Management*

Yang, H., Huff, S. L., & Tate, M. (2013). Managing the cloud for information systems agility. In A. Bento & A. K. Aggarwal (Eds.), *Cloud computing service and deployment models: Layers and management* (pp. 70–93). Hershey, PA: IGI Global. https://doi.org/10.4018/978-1-4666-2187-9.ch004

Yang, H., & Tate, M. (2012). A descriptive literature review and classification of cloud computing research. *Communications of the Association of Information Systems*, *31*(2), 35–60. https://doi.org/10.1.1.261.3070

Yao, Z., & Wang, X. (2010). An ITIL based ITSM practice: A case study of steel manufacturing enterprise. In *2010 7th international conference on service systems and service management, proceedings of ICSSSM' 10*, Tokyo, Japan: IEEE, pp. 423–427.

Yoon, Y., Guimaraes, T., & O'Neal, Q. (1995). Exploring the factors associated with expert systems success. *MIS Quarterly*, *19*, 83–106.

Yusuf, I. I., & Schmidt, H. W. (2013). Parameterised architectural patterns for providing cloud service fault tolerance with accurate costings. In *Proceedings of the 16th International ACM Sigsoft Symposium on Component-Based Software Engineering* (pp. 121–130). Vancouver, Canada. https://doi.org/10.1145/2465449.2465467

Yusuf, Y. Y., Gunasekaran, A., Adeleye, E. O., & Sivayoganathan, K. (2004). Agile supply chain capabilities: Determinants of competitive objectives. *European Journal of Operational Research*, *159*(2), 379–392. https://doi.org/https://doi.org/10.1016/j.ejor.2003.08.022

Yusuf, Y. Y., Sarhadi, M., & Gunasekaran, A. (1999). Agile manufacturing: The drivers, concepts and attributes. *International Journal of Production Economics*, *62*(1), 33–43. https://doi.org/https://doi.org/10.1016/S0925-5273(98)00219-9

Zhang, Z., & Sharifi, H. (2000). A methodology for achieving agility in manufacturing organizations. *International Journal of Operations & Production Management*, *20*(4), 496–512. https://doi.org/10.1108/01443570010314818

Zheng, J., Ng, T. S. E., & Sripanidkulchai, K. (2011). Workload-aware Live Storage Migration for Clouds. In *Proceedings of the 7th ACM SIGPLAN/SIGOPS International Conference on Virtual Execution Environments* (pp. 133–144). Newport Beach, CA, USA. https://doi.org/10.1145/1952682.1952700

Zheng, Y., Venters, W., & Cornford, T. (2011). Collective agility, paradox and organizational improvisation: The development of a particle physics grid. *Information Systems Journal*, *21*(4), 303–333.

Zhou, S., Qiao, Z., Du, Q., Wang, G. A., Fan, W., & Yan, X. (2018). Measuring Customer Agility from Online Reviews Using Big Data Text Analytics. *Journal of Management Information Systems*, *35*(2), 510–539.

Zhu, K. (2004). The complementarity of information technology infrastructure and e-commerce capability: A resource-based assessment of their business value. *Journal of Management Information Systems*, *21*(1), 167–202. https://doi.org/10.1080/07421222.2004.11045794

Zhu, K., Dong, S., Xu, S. X., & Kraemer, K. L. (2006). Innovation diffusion in global contexts: determinants of post-adoption digital transformation of European companies. *European Journal of Information Systems*, *15*(6), 601–616.

Zhu, K., & Kraemer, K. L. (2005). Post-adoption variations in usage and value of e-business by organizations: cross-country evidence from the retail industry. *Information Systems Research*, *16*(1), 61–84.

Zhu, K., Kraemer, K., & Xu, S. (2003). Electronic business adoption by European firms: a cross-country assessment of the facilitators and inhibitors. *European Journal of Information Systems*, *12*(4), 251–268.

Zhu, K., Kraemer, K. L., & Xu, S. (2006). The process of innovation assimilation by firms in different countries: a technology diffusion perspective on e-business. *Management Science*, *52*(10), 1557–1576.

Zhu, Y., Li, Y., Wang, W., & Chen, J. (2010). What leads to post-implementation success of ERP? An empirical study of the Chinese retail industry. *International Journal of Information Management*, *30*(3), 265–276.

Zviran, M. (1990). Relationships between organizational and information systems objectives: some empirical evidence. *Journal of Management Information Systems*, *7*(1), 65–84.

Zwass, V. (1992). *Management information systems*. Dubuque, IA: William C. Brown Publishers.